U0688487

南行充读

XINGDU NANCHONG

南充市文化广播电视和旅游局
南 充 日 报 社 编

四川人民出版社

图书在版编目（CIP）数据

行读南充/南充市文化广播电视和旅游局，南充日报社编.-- 成都：四川人民出版社，2022.3

ISBN 978-7-220-12501-0

Ⅰ.①行… Ⅱ.①南… Ⅲ.①旅游指南—南充 Ⅳ.①K928.971.3

中国版本图书馆CIP数据核字（2022）第032991号

行读南充
XINGDU NANCHONG

南充市文化广播电视和旅游局
南　充　日　报　社 编

编委会主任	赵秀清　杨雨龙
责任编辑	王其进
封面设计	书香力扬
版式设计	丁慧娟　龚　倩　陈文婷
责任印制	祝　健

出版发行	四川人民出版社（成都市槐树街2号）
网　址	http://www.scpph.com
E-mail	scrmcbs@sina.com
新浪微博	@四川人民出版社
微信公众号	四川人民出版社
发行部业务电话	（028）86259624　86259453
防盗版举报电话	（028）86259624
印　刷	成都兴怡包装装潢有限公司
成品尺寸	140mm×170mm
印　张	6.5
字　数	58千
版　次	2022年3月第1版
印　次	2022年3月第1次印刷
书　号	ISBN 978-7-220-12501-0
定　价	58.00元

■版权所有·侵权必究

本书若出现印装质量问题，请与我社发行部联系调换

电话：（028）86259453

且行且读

在青山绿水之间

阿来

"嘉陵江色何所似，石黛碧玉相因依。"

这两句诗，作者杜甫。公元763年和764年，他两次沿嘉陵江而行，从梓州（今四川三台）前往阆州（今四川阆中）。他一路行脚，饱览山光水色，深味当地人民生活，留下若干诗篇。最著名的，当数《阆山歌》和《阆水歌》。所谓阆水，其实就是嘉陵江过阆中这一段。所谓阆山，也就是阆中城前，临嘉陵江水之峭壁危岸。

他写嘉陵江水："正怜日破浪花出，更复春从沙际归。巴童荡桨欹侧过，水鸡衔鱼来去飞。"

他写嘉陵江边之山："阆州城东灵山白，阆州城北玉台碧。松浮欲尽不尽云，江动将崩未崩石。"

这两首诗，都是真正的行读结晶。且行且读，读山读水，读人读社会。用杜甫自己的话说，是"读万卷书"后"再行万里路"。见所未见，不但个人沉浸其中，还记所未经，与人分享，这大概就是旅行的意义。扩张自己眼界之外，记录，思索，"与他人说"，即今天所谓传播。杜甫时代没有今之传播学，但书写传播的意义早已存在。从古至今，隐秘的历史，丰富的人文，多姿多彩的风光，其流传都是依靠文字的力量。所以，这本关于南充旅游资源的书，既承继了古老的书写传统，更发扬了现代摄影之优势，图文并茂，生动体现了行读的特点，游嘉陵江纵贯的南充，正是一本生动的指南。

南充地方，古代农桑发达，人文丰赡；近现代以来，维新与革命的大潮中，顺庆一府，即今之南充市，影响中国历史与四川历史的杰出人才辈出；而在当下的现代化进程中，社会面貌日新月异，旅游业发展蓬勃兴旺。旅游产业，除了经济上对国计民生的贡献，从文化上讲，也更促使人深味自然之大美，体察社会之变迁。行而读之，读而再行，都使人爱山川，爱人民，爱故土，爱祖国，与时代同行，在城市，在田园，在青山绿水之间。

阿来，出生于四川马尔康。先后出版长篇小说《尘埃落定》《空山》《格萨尔王》《云中记》等。曾获第五届茅盾文学奖、第七届鲁迅文学奖、华语文学传媒大奖等文学奖。多部作品被译为英、法、德、日、意、西、俄等二十余种语言出版。

南充旅游景点示意图

至成都

至蓬溪

至成都

27. 升钟湖

南部县

17. 亚洲有机示范村

18. 桃文化博览园

16. 张澜故里

西充县

6. 西山

8. 川北行署礼堂

19. 红豆村

7. 北湖公园

顺庆区

5. 张澜纪念馆

10. 罗瑞卿纪念馆

2. 七宝寺南池书院

嘉陵区

9. 印象嘉陵江湿地公园

4. 中国绸都丝绸博物馆

高坪区

1. 天乐谷旅游度假区

3. 飞鸿滑草场

11. 六合丝博园

12. 白塔公园

13. 凌云山

至重庆

至重庆

至重庆

至广元

至苍溪

8. 五龙农耕博物馆

29. 阆中古城

阆中市

25. 朱德铜像
纪念园

至巴中

至巴中

26. 八尔湖

23. 德园

仪陇县

24. 朱德故里

22. 太蓬山
国家森林公园

营山县

蓬安县

20. 嘉陵第一桑梓

21. 进士文化旅游景区

15. 花好月圆

14. 中法农业科技园

至渠县

至西充

至南充

至蓬溪

至武胜

·目 CONTENTS 录·

叁

到南充去的 N 种诱惑
119

世界这么大，我想和你一起去看看。唯爱与美景美食不可辜负，人生路上，和你一起看风景，就是最美的时光。

肆

我在南充等你
183

春来了，等你一起赏桃花;夏来了，等你一起听蝉鸣;秋来了，等你一起看落叶;冬来了，等你一起话梅骨。

PART 1

到南充去的N个理由

世界上最难回答的问题，

大概就是："你为什么去旅行？"

有人回答说："人生至少要有两次冲动，

一场奋不顾身的爱情和一段说走就走的旅行。"

我想在每个人的青春岁月里，

都曾有过对远方的憧憬，

一段说走就走的旅行。

古今名家诵南充

阆中

阆水歌 · 杜甫

嘉陵江色何所似，石黛碧玉相因依。

正怜日破浪花出，更复春从沙际归。

巴童荡桨歌侧过，水鸡衔鱼来去飞。

阆中胜事可肠断，阆州城南天下稀。

南部

过新井慈光院看海棠 · 寇准

暄风花杂满栏香，尽日幽吟叹异常。

翻笑牡丹虚得地，玉阶开落对君王。

2

将军神宇

· 杨瞻

荥阳一火自甘焚，
忠烈千年庙尚存。
却叹重瞳偏易诳，
坐观黄帷出东门。

海棠歌

· 陆游

我初入蜀鬓未霜，
南充樊亭看海棠；
当时已谓目未睹，
岂知更有碧鸡坊。

戊寅九日龙门登高 · 杨慎

江山盘踞千年地，风雨崔巍百尺台。
摇落霜林秋籁发，参差云堞晓光开。
四愁多阻张衡望，九辩堪与宋玉哀。
望远登高聊自遣，芳荑艳菊漫相催。

以厚为富，以道为贵的南充文化，成就了两千多年的灿烂与辉煌。时至今日仍占据着传统文化中的一个个制高点，让任何一种形式的南充之行，都变成真正的文化之旅，受益良多，意犹未尽。

——蒋子龙《文化以厚道为心》

古街曲折幽深，两边商铺林立。多走两步可以看到明清殿堂，再走两步就是元明建筑。更有些家常民居、古朴寺院和温暖小客栈，一个接一个大红灯笼微微摇晃，灯影人影交映，犹如步行在唐街宋肆之中。

——舒婷《请到阆中来过年》

阆中古城

牛群非常庞大，我们看不见它们的身躯，但从水面上露出来的牛头和牛角来看，约有百只莽牛争渡嘉陵江——游在后边没长角的，是随父母渡江的牛中幼崽。它们争先恐后，直奔江心的那片碧玉般绿野。

随着牛群涵渡的身影，我们终于看到月亮岛的倩影了：它像天上的一镶弯月，镶嵌在银河中心，嘉陵江水从它四周流淌而过，突显它的翡翠般的美丽色泽……

——从维熙《月亮岛抒怀》

千百年来，人们根据《三国志》编写的说唱、故事、小说和戏剧，深入人心，脍炙人口。其中尤以罗贯中编著的《三国演义》最有名。陈寿功名永载史册，南充因此成为三国文化的源头。

——王宗仁《万卷楼和江边农舍》

夸夸，咱沞家乡

"华龙一号"总设计师

邢继

> 南充是我的家乡，我生在这里、长在这里，这里的山水丰润了我的情怀、这里的人情赋予了我的品格。感谢故乡时我的养育之恩，期望家乡山更美水更清，南充的发展越来越好。

北京师范大学文学院教授、博士生导师、儿童文学作家 张国龙

> 我是在南充一个小山洼里长大的，红色的丘陵、白色的芭茅花、弯弯的河流，故乡的田园风光给我留下了深刻的印象，并影响到我日后的写作走向。迄今为止，我写了将近20部儿童长篇小说，作品的背景大都放在了故乡的土地上，有的直接以故乡的地名来命名，比如长篇小说《老林深处的铁桥》《麻柳溪边芭茅花》。故乡的风景在我的书里，我的故事里装满了乡愁。

谢丽桃

现居美国北卡罗来纳州

> 我19岁离开家乡，如今已年过半百。身在异国他乡，我时常想念故乡，眼前浮现的是家乡的丘陵、田园、竹林，闻到的是田野炊烟，腊肉飘香，常想吃爸爸给我准备的凉面，早上刘姨在楼下叫卖的豆浆、白糖酥卷、糖麻圆……如今，我居住在美国大烟山下，这里四季分明，人朴实无华，和家乡南充近似。天之涯，地之角，祝福我的家乡更美好。

故宫博物院副研究员

杨频

> 南充的人文底蕴是深厚的。除了丰富的历史过往，我更看重西华师范大学、川北医学院、西南石油大学（南充校区）几所高校，毕竟有过几位西南联大毕业的先生，和培养出好几位院士的大教授们。这片土地不缺一流的见识与智慧，值得期待与祝福。

慢慢走，欣赏啊！

行走巴山蜀水间，迎头遇上了南充。这是一次深情的相逢，也终将成为柔美的记忆。

南充是什么？

这是一片古老的土地。

在嘉陵江两岸的广袤土地上，分布着南充九个县（市、区）和临江新区，其中南充和阆中两座城市的建城历史都在两千年以上，阆中古城还是古代巴国最后的国都。

这里也是一片年轻的热土。

中欧班列（南充号）从南充启程，一路西行可以直达意大利米兰；千吨货轮顺江南下经重庆，可以抵达上海；成南达万高铁犹如巨龙出川，把南充人的梦想带向远方。

南充是什么？

这是一部精彩的大书。

打开这部书，可以看到满纸的历史烟云。天文学家落下闳，应汉武帝之召修订历法，恒定孟春正月为岁首，从此有了现在的春节，南充是当之无愧的春节文化

发祥地；历史学家陈寿亲历了三国烽火，潜心撰写历史巨著《三国志》，后来演化为《三国志通俗演义》（《三国演义》），南充是名副其实的三国文化之源；南充有"中国绸都"的美誉，丝路寻踪，源点南充，南充是源远流长的南方丝绸之路起点。

轻抚这部书，可以感受涌动的历史脉搏。开国元勋朱德总司令，为人民服务的光辉典范张思德，从这里走向硝烟弥漫的战场；张澜先生与他的学生朱德、罗瑞卿，在南充时期师生情深，后来还一同在天安门城楼出席了开国大典，谱写出一段桃李佳话。

南充是什么？

这是一幅山水画卷。

嘉陵江从秦岭走来，在南充境内蜿蜒流转三百公里，最后在重庆朝天门码头与长江汇合。嘉陵江流淌的是诗情，也是画意，嘉陵第一江山，嘉陵第一桑梓，嘉陵第一曲流……这些如珍珠一般散落在嘉陵江上的风景，是大自然的无私馈赠，也是千百年来的文化积淀。

行走南充，看不够的是风景，读不完的是文化。

慢慢走，欣赏啊！

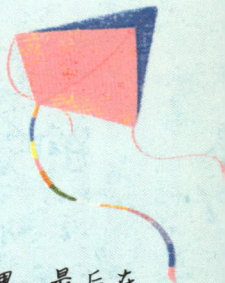

嘉陵江色何所似

一座城市总是与江河有着缠绵不绝的故事。若你想了解南充，那你就得从嘉陵江开始。

嘉陵江，是南充的母亲河，她以一脉清流，以丰茂的物产，哺育着这方百姓。从远古开始，先民便择水而居，临江筑城，沿江种桑养蚕，织就一城的锦缎繁华。

嘉陵江，是一条流淌诗意的河流。杜甫、李商隐、陆游等都曾寓居或宦游南充，留下了"阆中胜事可肠断，阆州城南天下稀""千里嘉陵江水色，含烟带月碧于蓝"等千古佳句。

嘉陵江，是一条冲破大山阻拦的河流。她从秦岭山麓奔腾而来，练就了南充人负重致远、追

求卓越的性格。古往今来，落下闳、司马相如、陈寿、张澜、朱德、罗瑞卿离开家乡，沿着蜀道翻越秦岭，或顺江而下走出夔门，将自己的名字镌刻在中国史册上。

　　嘉陵江，是一条百转千回的河流，她将最柔美的身段留在了南充，勾勒了"印象嘉陵·生态之旅""文化溯源·览胜之旅""将帅故里·初心之旅""诗画田园·怡然之旅""匠心匠艺·非遗之旅"五条精品旅游线路。让我们在南充绮丽的山水中徜徉、在悠久的历史文化中流连，让我们与一江水相依相恋。

▶ **温馨提示**
嘉陵江在南充境内蜿蜒300公里，是南充的山水画廊。

▶ **沿江景点推荐**
阆中古城 ｜ 新政离堆 ｜ 周子古镇
百牛渡江 ｜ 凤 仪 湾 ｜ 青居359°曲流

嘉陵江蓬安段

万卷楼

14

听英雄曲 寻三国梦

"不是英雄，不读三国；若是英雄，怎么能不懂寂寞；独自走下长坂坡，月光太温柔……"如果只听林俊杰演唱的《曹操》，而不来南充游历，是注定会遗憾的。

南充是三国文化的发祥地，从顺庆区到高坪区，再到阆中市，张飞、王平、谯周、陈寿，仿佛正从三国的纷争中走来，丰满了现实和传奇。

走进西山风景区，仰望万卷楼，那仿佛是一卷古书，散发出淡淡的墨香。一千七百多年前，陈寿秉笔直书，才有《三国志》彪炳史册。也正因为有了《三国志》，罗贯中的《三国演义》才孕育而出，继而形成了影响中外的"三国文化"。1993年，这里举行了"三国文化国际学术交流会"，并被定为永久的会址。

在高坪区鹤鸣公园，白塔巍巍，晨钟悠悠。此间花木郁郁葱葱，山水相映成趣，山在城中，城在水中，乃成嘉陵江上一片难得的绿洲。其间藏有"蜀汉大将王平墓"，鹤鸣山因此成为"三国文化"之旅的又一重要节点。

出果城奔阆中，在全国重点文物保护单位汉桓侯祠（张飞庙），祭拜镇守阆中长达七年的张飞，打捞起一段永久流传的三国故事。在古城，随处可见与张飞有关的事物，铮铮铁骨的猛张飞，已经深入古城骨髓深处。

▶ 三国文化景点推荐

西山万卷楼·谯公祠 ┃ 鹤鸣山景区王平墓 ┃ 阆中张飞庙

朱德故居

到朱老总的家乡看看

一位老红军在家人陪伴下，坐着轮椅来到这里，听家人说，他一直有个心愿，就是到朱德总司令的家乡看看……

老红军来了，戴红领巾的孩子来了，青年志愿者也来了，无数人心怀钦佩与崇敬，仰望锤镰石、眺望琳琅山、瞻仰朱德汉白玉雕像……

三合院故居、屋檐下的大水缸、东厢蚕房缫丝用的"东洋车"、院坝间的石头碾子，还有朱德青少年时期挖的那口井，都诉说着过往的岁月。

当然，你一定要去朱德的房间看看，进门左拐再上木梯，那是一个狭窄的空间，却有缕缕清风伴着一孔阳光而入，那是朱德当年读书的窗口。少年朱德从这里向外探望，探望外面的世界……

无数远道而来的人们，总会走进朱德同志故居纪念馆，通过一张张照片、一件件实物、一帧帧影像，了解朱德、读懂朱德。"祖国安危人有责，冲天壮志付飞鹏。"朱德的一次次选择、一次次转折，都在这里找到了最初的答案。

如今，朱德故里景区是国家5A级旅游景区，是源远流长的客家文化之乡，是山明水秀的天然氧吧。

来吧，到朱老总的家乡看看。

▶ **红色文化景点推荐**

| 朱德故里景区 | 张澜故里景区 | 张澜纪念馆 |
| 罗瑞卿纪念馆 | 张思德纪念馆 | 阆中红军烈士纪念园 |

17

丝路寻芳 好去处

川东北的南充，嘉陵江奔腾而过。这里江水温润、土地肥沃，遍植桑树，成就一城丝绸锦绣。

古老的南充渡是南充丝绸繁华的见证，江面上船只来来往往，码头上人群熙熙攘攘，南充丝绸被源源不断转运到远方，南充由此成为南方丝绸之路的起点。

天上取样人间织，满城皆闻机杼声。2005年，南充被中国丝绸协会授予"中国绸都"称号；2016年，又被中国丝绸协会授予

采桑

"丝绸源点"称号。

　　春和丽景，丝路寻芳好去处，走进"丝绸源点"——高坪区六合丝博园，体验缫丝养蚕之乐，探寻丝绸源点之美。

　　走进嘉陵区中国绸都丝绸博物馆，一边是现代机械织机，绢帛连连淌出；一边是古老的蚕丝编织器具，诉说着历史的沧海桑田。

　　丝绸，南充的历史记忆，南充的文化底色。

▶ **丝绸文化景点推荐**

中国绸都丝绸博物馆 ｜ 六合丝博园 ｜ 阆中丝毯文化创意产业园

阆州城南天下稀

满是绿意的窗外，阵阵蝉鸣时不时传来。微风轻拂，吻过池中的荷，也拨动着人儿的心弦。不知何故，忽然想念起古城来。

还记得那天，走过喧嚣的闹市，走向幽静典雅的古城，张飞当年驰马绝尘的街道两边，旌旗招展。折进一家小店，古色古香，几位老者饮酒畅谈。

"尝尝我们的特色吧，张飞啤酒、张飞牛肉……"主人的热情让我兴致渐浓。想着张飞大块吃肉、大碗饮酒的情景；听老者讲气吞万里如虎的故事，或熟悉，或陌生，但都感到亲切。

穿行在古城悠长的小巷，走过一条条青石板路，在窗棂、在门楣、在牌匾、在瓦当上，我分明嗅到那唐风宋雨

的气息，伴随着历史名人的奇闻轶事，弥漫在古城的每一个角落。这个地处古蜀道米仓道上的古城，有着太多的传奇故事。

如果说唐宋格局、明清风貌成就了古城的盛世容颜，那千年历史、厚重文化则为古城注入了灵魂。

不仅仅是张飞，还有落下闳、吴道子、杜甫、苏轼、陆游……一个个你耳熟能详的历史名人，在时光的不经意处，给古城以惊喜，给南来北往的游客以惊喜。

"阆中胜事可肠断，阆州城南天下稀。"杜甫一定不会想到，这句诗如今成了阆中古城的宣传语。身边的很多朋友告诉我，通过杜甫的诗认识了阆中，这无疑是诗人对这座古城的慷慨赠予。

华灯初上、皎皎月色，斗檐翘角、雕棂画墙，依稀旧时模样。我想，我在阆中找到了家。

▶ **温馨提示** 阆中是四川首批天府旅游名县，国家5A级旅游景区。
阆中美食"四大怪"：一怪凉面热着卖（阆中牛肉面）
二怪馒头盖章卖（白糖蒸馍） | 三怪醋当饮料卖（保宁醋）
四怪牛肉熏黑卖（张飞牛肉）

阆中古城

天上有颗"落下闳星"

过年，是每个中国人心中抹不去的情结。

每逢春节，在阆中古城，人们常会看到身着吉庆古装、面容慈祥的白发白须老人，忙着给人们送红包，恭贺新年快乐、平安吉祥。他就是落下闳的化身，老百姓都叫他"年爷爷"。

作为中国人一年中最隆重的传统节日，春节与阆中有着底蕴深厚的历史联系。西汉时期，巴郡阆中人落下闳主持编制《太初历》，恒定春节，中华民族才有了过春节的习俗，春节也才成了中国人最古老的文化胎记、最盛大的传统节日。阆中也被称为"中

落下闳雕塑

22

国春节文化之乡"。2004年9月，经国家天文学联合会小天体提名委员会批准，中国科学院国家天文台将其发现的国际永久编号为16757的小行星命名为"落下闳星"。从此，落下闳真正成为一颗璀璨星座，永恒地闪耀在星空中。

春节期间，阆中该是如何热闹非凡？著名作家舒婷曾写下这样一段文字：皮影戏、巴渝舞、提灯会等民间艺术表演已叫人神往，还有送丝蚕、亮花鞋、游百病等原汁原味的地方风俗，尤其那些吹打鼓乐的游街，什么张飞巡城、秀才赶考和春倌说春，真是吸引眼球噢。最有意思的，还是在各个主要景点前，那十二个峨冠锦袍的春节老人，给游客派送红包，像西方的圣诞老人。

阆中人的春节从农历腊月初八开始，一直持续到二月初二，从一碗腊八粥开始，在"二月二，龙抬头；大仓满，小仓流"的民谣中落下帷幕。

春节，请到阆中来过年。

▶ **与春节文化相关的景点推荐**

锦屏山观星楼 | 阆中古城星座苑 | 阆中市桥楼乡落阳山

南充 >

印象嘉陵·生态之旅
文化渊源·览胜之旅
将帅故里·初心之旅
诗画田园·怡然之旅
匠心匠艺·非遗之旅

PART 2

到南充去的N种体验

安排一次旅游，给自己寄一封情书。

在南充，我们可以观百牛渡江、

听双女石的故事，走进嘉陵江的诗情画意；

在南充，我们可与司马相如聊聊爱情、

与张飞比比功夫，探究巴蜀文化的传奇；

在南充，我们也可以酿一勺醋、

演一场皮影戏，体验千百年的技艺；

在南充，我们还可以种菊点豆、

捕鱼摘果，尽享乡村慢时光……

印象嘉陵·生态之旅

一条江的诗情与画意 叁

南充，山清水秀，

晚唐诗人李商隐，

38岁那年在赴任途中第一次看见嘉陵江，

便写下千古名句：

"千里嘉陵江水色，含烟带月碧于蓝。"

皓月当空，江天一色，

让我们收拾行囊，逆流而上，

探寻嘉陵江的诗情画意！

锦屏山·阆中
嘉陵第一江山

构溪河国家湿地公园·阆中

新政离堆·仪陇

百牛渡江景区·蓬安
嘉陵第一桑梓

北湖公园·顺庆

凤仪湾·中法农业科技园·高坪

夜游嘉陵江·顺庆

嘉陵第一曲流·高坪

27

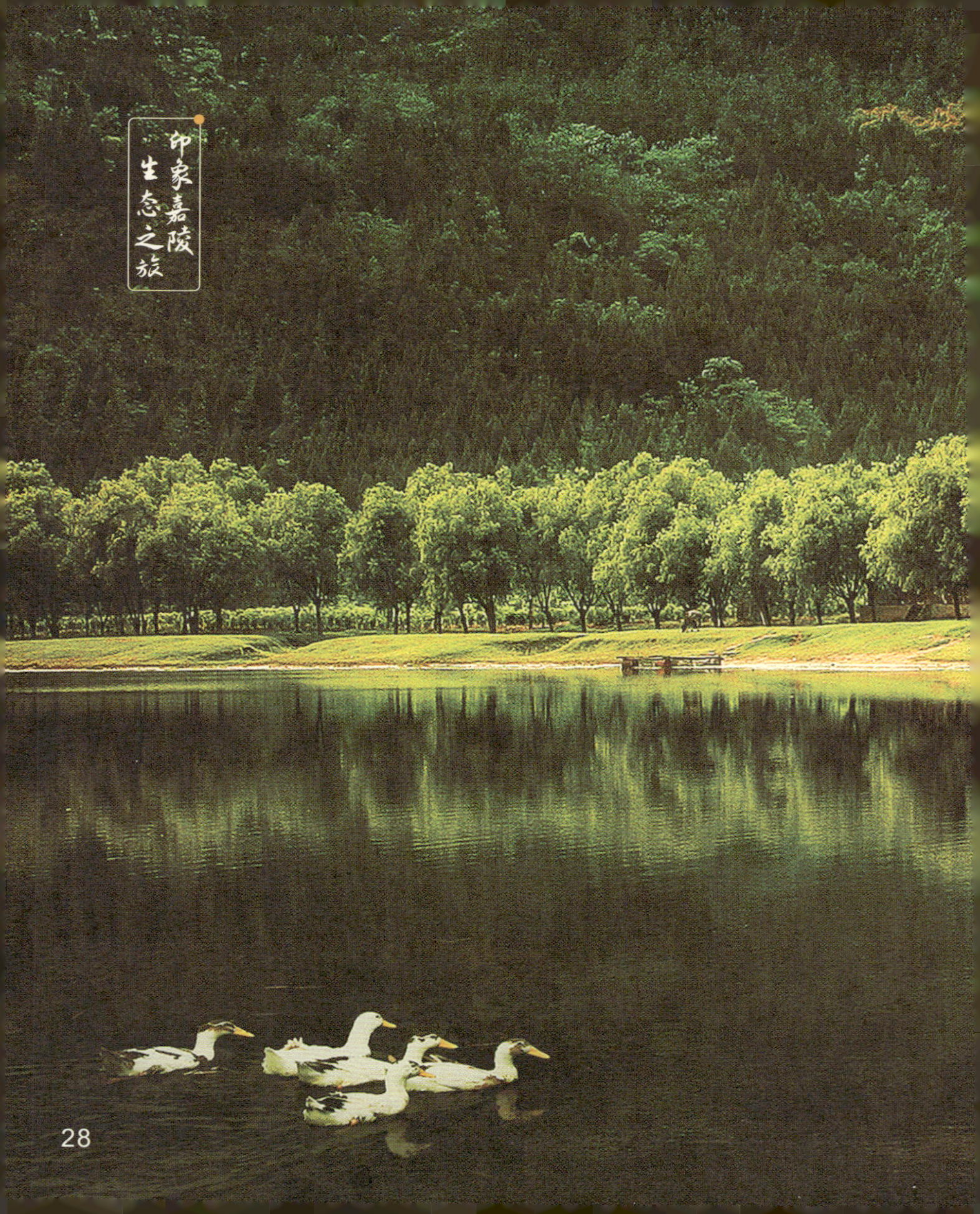

构溪河国家湿地公园

回到精神的原乡

河边一个小渡口，停着一只小木船，河滩上，水牛低头吃草，农家屋顶飘着袅袅炊烟。

如果让我选择，我一定要到构溪河，坐上小木船漫游其间，观赏两岸绿树青峰、农家田园。或许，我还会带上酒，而你有故事吗？

适合人群
热爱大自然的人

惊奇
脊椎动物287种
国家二级保护动物21种
维管束植物346种

锦屏山

读你千遍也不厌倦

　　"花木错杂似锦，两峰连列如屏"，故称锦屏。山上树木参天，环境清幽；楼阁亭榭，古韵悠长。画家吴道子，诗人杜甫、李商隐、陆游等都曾在锦屏山写诗作画，抒发情怀。经千余年装点润饰，锦屏山更加绚丽多姿，素有"阆苑仙境"和"嘉陵第一江山"之美誉。站在山上，抬头可见远山似烟，近看则花木拥径，江对岸的阆中古城一览无余。

地址	景区电话	票价
与阆中古城一衣带水	0817-6339600	20元/人

印象嘉陵
生态之旅

锦屏山与阆中古城一江之隔

印象嘉陵
生态之旅

新政离堆

一枚青螺入玉带

离堆高高耸立在江水之中，山上古木繁荫，山腰蟠根垂萝，山下江水滔滔，一泻千里。

遥想当年，颜真卿与友人同游叙欢，留宿在离堆上，留下《鲜于氏离堆记》千古碑文。

嘉陵江畔，鲁公亭前，永不停息的嘉陵江水与悠悠青山仿佛还在低语千年前的那个夜晚。

地址
仪陇县城西嘉陵江大桥桥头

特点
四川内河四大离堆之一

百牛渡江景区

嗨、我是放牛哥

李定家

印象嘉陵
生态之旅

我是嘉陵江边的放牛娃，在牛背上长大，在牛背上看书、打水仗，还和牛比赛游水。

长大后，我在部队当兵，在城里打工。前几年，我回到家乡当上了放牛哥。只是，我再也不骑牛了，哈哈……每天一大早，我就把100多头牛赶到江心的太阳岛和月亮岛吃草。晚上六七点钟，牛儿们回游过江，我再把它们赶进围。

差点忘了，我叫李定家，如果你来我们这里玩，就叫我"放牛哥"吧。

地址
蓬安县
相如街道油房沟社区

电话
0817-8602733

★
全国乡村旅游重点村

花海 草滩 白云 放乡

山之侧，水之畔。传说司马相如曾在凤山上鼓瑟而鸣："凤兮凤兮归故乡……"凤仪湾由此得名。

这片广袤的水域，已形成一条完整的湿地生态链，其中野生鱼类达到30多种，候鸟60多种，还有被列入国家一级重点保护野生动物名录的小天鹅。

大地上，是花海、平湖、草滩、栈桥；天空中，是飞鸟、白云。世间万物都有生命，它们与你我和谐相处，共融共生。

电话
0817-3366111

地址
南充市高坪区
江陵镇江陵坝村

票价
凤仪湾景区门票（含亲子乐园）：30元/人
观光车：15元/人
自行车：15元/辆
竹筏：20元/人

印象嘉陵
生态之旅

青居359°曲流

嘉陵第一曲流

心上汋青居

地址
南充市高坪区
青居镇

电话
0817-3481222

　　河流有千百种流动的姿态。在青居镇,你可以看到堪称世界地貌奇观的359°曲流。当地人常说,从青居镇上码头到下码头,直线距离一袋烟,沿着河道走一天。如果你登上烟山,青居曲流的完美身姿就尽在眼前了。绕烟山缓行一圈,远远望去才能感受到青居曲流流畅的弧度,身在其中反而难以体会,只能看到平静水面上散布的小洲,船影点点,水鸟翻飞。

嘉陵江南充城夜景

夜游嘉陵江

一江光影南充城
夜色深深到客船

　　一条江、一座城、一艘船，这样的景致足以催生出无限的诗意。嘉陵江上，一艘夜航船从南充港出发，向温柔的夜色中驶去。鹤鸣山、宋代白塔、王府井商场、印象嘉陵江湿地公园，像一帧帧书页翻过。嘉陵江、灯火、倒影，光与影的旋律相互交织，汇聚到一起，融合在一起，就像笼着轻纱的梦。

在嘉陵江夜色中沉醉的绝不止我一个人。"山围翠合水重云，万室楼台照眼明。"1000多年前，有个叫邵伯温的官员千里迢迢到果州担任知州，用诗句记录下宋代的嘉陵江夜色。

在同一轮明月下，我和古人感受着不同的时代气息，却映照出同样的宁静心境。

📍 **乘船地点:** 南充市旅游客运码头

🕐 **航运时间:** 每周六发航一次，节假日期间每天发航一次（夏季：每晚8：00；冬季：每晚7：30）

🎫 **票价:** 成人60元（1.2米以下儿童免票）

📞 **咨询电话:** 0817-2688088

印象嘉陵
生态之旅

恰似一低头的温柔

几乎和南充城的历史一样悠久，北湖是一片古老的水面，汉代称"是鱼池"，明代称"北湖""嘉湖"。

岁月对北湖温柔以待，北湖有小桥流水的动静之美，有亭台廊榭的曲直之美，有桃红柳绿的色彩之美，有修竹寒梅的品格之美……徜徉其间，每一块太湖石、每一缕水草都在向你诉说。

有诗人这样抒写北湖：一次次误以为到了江南，一次次误以为走进了春天，一座座桥梁，仿佛一句句绝句；一个个楼阁，仿佛一个个比喻……而我觉得，北湖之妙在于，她是闹市中的"在水一方"，湖是静水微澜，恰似一低头的温柔。一到夏夜，飞倦的蜻蜓立于竹林、花草，一湖的蛙声把你带到月光下的稻田。坐在湖边听蛙声吧，当一回农夫何妨？

📍 **地址：** 南充市顺庆区文化路、北湖路

☆ **看点：** 水幕电影、音乐喷泉、亭台楼榭

文化溯源·览胜之旅

巴蜀文化的传奇

一株桑一把茧，

织出南充丝绸的锦绣与繁华；

一篇《子虚赋》，

确立司马相如无人企及的汉赋高位；

《太初历》、浑天说，

注定落下闪闪耀耀茫茫星空；

一部《三国志》，

翻开南充绵延千年的三国文化；

……

沿着嘉陵江，

我们走进南充的深处，

翻开文化的扉页，

每一帧都是我们来时的模样。

汉桓侯祠·阆中

贡院·阆中

状元洞·阆中

观星楼·阆中

丁氏庄园·仪陇

纪信广场·西充

嘉陵第一桑梓景区·蓬安

宋代白塔·高坪

西山万卷楼·顺庆

进士文化景区·营山

南池书院·嘉陵

田坝会馆·嘉陵

45

"莽张飞"也是**书法家**？

阆中古城是热闹的，也是烟火味的。汉桓侯祠（张飞庙）就这样安静地坐落在古城的市井街巷之中。进山门，飞檐翘角的敌万楼，古旧沧桑的灵床焉弈牌画，无声讲述着那段"三国"风云……

"汉将军飞率精卒万人大破贼首张郃于八濛"，张飞庙内陈列一块"立马勒铭"石碑，碑刻的22个文字丰满遒劲，气势刚健凝重。专家考证认为，此石刻为张飞所书，浑朴敦实的字体风格恰如张飞的"憨直忠勇"。

1987年，著名诗人流沙河游览阆中，为张飞庙撰写时联"园谢红桃，大哥玄德二哥羽；国留青史，三分鼎势八分书"，点评张飞文武双全，善"八分书"……

手持丈八蛇矛的张飞，果真是书法家吗？还有传，他也善画美人图。历史的真相不得而知，遗憾的同时，却让我们对张飞多了几分想象。我愿意相信，他是书法家，我也想看看他提笔挥毫的丰姿。

地址
阆中市古城西街88号

电话
0817-6222188

票价
50元/人

文化溯源 览胜之旅

汉桓侯祠

张飞：伐吴未克身先死

公元221年，为替关羽报仇，张飞命部下张达、范彊三日内缝制白旗白甲，率万人挂孝伐吴。两人告曰："白旗白甲，一时无措，须宽限方可。"张飞震怒，将两人各鞭背五十，以手指之曰："若违了限，即杀汝二人示众。"横竖都是死，两人趁张飞熟睡之时将其杀害。张飞死后，谥为桓侯，葬于阆中。人们敬其忠勇，为他筑冢建祠，至今已有1800年历史。

如今，张飞墓冢古木森森，繁密的枝叶几乎遮住了天空。拜祭张飞，绕墓环走，树叶沙沙作响，不由想到"伐吴未克身先死，秋草长遗阆地愁"的诗句。

观星楼

我要和你数星星

一位老人手扶浑天仪，目光深邃地凝望天空，衣襟随风飘飞……他就是西汉天文学家落下闳，他身后便是观测天象的观星楼。来吧，来观星楼数星星，无论什么时候，我们都不能忘了仰望星空！

地址
阆中市
锦屏山公园内

票价
20元/人

追星星的人

天体物理学有个浪漫的说法：星空是你身上每个原子的故乡。

"当你仰望星空的时候，可能会想到小时候或者你最初的梦想是什么，那些美好会让紧绷的心慢慢地放松下来。"周晓月讲着自己选择天文学的初衷。

这个21岁的姑娘，因为时天体物理的爱好，3年前从遥远的山东淄博来到南充，在西华师范大学追寻自己探索浩瀚星空的梦想。

"每一次追星都是幸福的，借着天上星星的光芒，我看到了没有看到过的风景，也认识了那个叫落下闳的民间天文学家，他是南充阆中人，一个把名字刻在星空上的人。"周晓月说，落下闳的观星故事，给了她关于璀璨星空的美好想象，那是一种内心的向往。

已是大四的周晓月，每天在教室和图书馆来回穿梭，忙着考研的她，期待扎根天体物理学领域。在静下来的时候，周晓月总是习惯仰望星空，她也会念起那首追星星的人都会念的诗：

我总觉得
星星曾生长在一起
像一串绿葡萄
因为天体的转动滚落到四方
......

文化溯源
党胜之旅

嘿，《卖油翁》中的神箭手是南充人哦

北宋年间，阆州新井县（今南部县大桥镇）陈省华有三个儿子，两人高中状元、一人中进士（两人拜相、一人为将），后人称为"三陈"。

南充，作为状元故里，流传着众多"三陈"故事，保留了大量的"三陈"遗迹。在南充市西山风景区，一块峭壁之上

文化溯源
览胜之旅

状元洞

50

雕刻着陈省华和三个儿子陈尧叟、陈尧佐和陈尧咨的雕像，成为西山的一处文化景观。你可知道陈尧咨便是欧阳修名篇《卖油翁》中的神箭手。

阆中市东山园林景区有一处"三陈"的景点——状元洞，这里每年都会吸引不少游客前来参观。阆中古城有一条著名的三陈街，贡院内还陈列着"三陈"参加科举考试的文物，弥足珍贵。

在南部县大桥镇还能看到瑞笋堂、金鱼桥、慈光院等"三陈"遗迹。就拿大桥镇漱玉岩来说吧，1000多年前，这里是陈氏三兄弟苦读之地。

"三陈"，已然是一种精神，是南充文化跳动不息的脉搏，也是南充读书人的光辉榜样。

卖油翁（节选）

欧阳修

陈康肃公尧咨善射，当世无双，公亦以此自矜。尝射于家圃，有卖油翁释担而立，睨之，久而不去。见其发矢十中八九，但微颔之。

状元洞

📍

地址
阆中市
七里街道
状元社区

漱玉岩

📍

地址
南部县大桥镇

贡院就是古代书生应考的考场。历经300余年，四川贡院成为全国罕见保存完好的清代乡试考场。

贡院由龙门、号房、眷录所、防弊馆等组成。在清代，乡试三年才举行一次，也就是说贡院三年才开一次院门。龙门，寓意鲤鱼跃龙门，只有监考官才能跨龙门而入。不过，贡院内的飞天椅可供考生们休息，取意"飞黄腾达，一飞冲天"！

四川贡院

古代学子的超级考场

📍 **地址：**阆中古城学道街78号

📞 **电话：**0817-6235780

✉ **票价：**50元/人

丁氏庄园

108间房的"百年孤独"

前有护城河，左右山峦环抱，108间房曲折相通……一座庄园，悄悄低语着一个家族的过往。清代，丁氏族人辗转千里，从广东迁居琳琅山并大兴土木，遂成川北第一庄。整座庄园雕梁画栋，工艺精湛，被誉为"客家建筑博物馆""最后的孤独"。纵使繁华逝去，庄园仍保持着百年前的气派。

📍 **地址：**仪陇县朱德故里景区内

文化溯源之旅
览胜

纪信广场

我愿为你 安天下

"纪信生降为沛公，草荒孤垒想英风。汉家青史缘何事，却道萧何第一功。"公元991年，一位名叫王禹偁的被贬宦游人，途经郑州荥阳楚汉战争古战场，写下诗作《荥阳怀古》。

纪信，何许人？刘邦麾下大将军，今南充市西充县人。

公元前205年，平定三秦的刘邦欲与项羽争天下。楚汉战争中一场以少胜多的著名战役彭城之战爆发，刘邦陷入"诸侯皆复与楚而背汉"的危险局面。

自鸿门宴后，刘邦的性命再一次被项羽捏在手中。公元前204年，项羽"围荥阳"、断粮草，汉军处境日益危急。"事已急矣，请诳楚为王，王可以间出。"纪信挺身而出向刘邦进言。

"诳楚存汉"群雕

　　在纪信的谋划下，被围困许久的汉军趁夜色打开荥阳城东门，引来楚军围追猛打，紧随而出一辆黄色华盖马车，车上人大声喊："城里粮食已吃完，我是汉王，投降。"此时，真正的汉王刘邦则趁机带着数十骑随从，从荥阳城西门而出，遁隐夜色，逃离荥阳。

　　司马迁把纪信的壮举记在《史记》字里行间，纪信也被世代铭记。《南充县志序》记载："信死，汉世高其勋。以劳名国，置安汉县（今南充市大部分地区和广安市部分地区）。"

　　生命如长风，生死置外安汉功。

🖈
地址
西充县安汉大道三段

🖱
游赏推荐
可在莲花湖泛舟、赏"落霞月潭"等八景

嘉陵第一桑梓景区

一人、一域、一江演绎的浪漫传奇

微雨后的清晨，是周子古镇最美的时候。

站在古渡口眺望，嘉陵江凝练如绸，碧波暗涌。岸边泊着几艘打鱼船，几位女子在浣洗纱衣。几个古老的拴马桩，印证着岁月的沧桑和繁华。

周子古镇为中国"辞宗

周子古镇

56

赋圣"司马相如的故乡。它一面紧临嘉陵江，三面环依龙角山，像青龙一样逶迤而上，历经两千多年岁月涤荡而风采依然，成为嘉陵江上最后的古码头活化石。

作为嘉陵江丝路水运的一个重要节点，古镇始建于汉代，兴于唐宋。龙角山上有一座石雕像，他手握神来之笔，似在挥毫泼墨，他就是唐代"画圣"吴道子。相传吴道子当年受唐玄宗指派赴蜀地体味山水，灵秀的周子古镇触碰了他的灵感。归朝后，吴道子于大同殿上疾风骤雨般画出三百里嘉陵江风光图，开一代"疏体"画法之宗。

相如村，与周子古镇隔江相望，为司马相如出生地。最具传奇色彩的是，他以一曲《凤求凰》赢得卓文君芳心，留下千古爱情佳话。司马相如故宅西边修建了长卿祠，几棵上百年的大黄葛树，遮蔽着祠堂的抚琴别苑，历史的音律也仿佛破空而来，再现了一曲凤求凰的旷世奇恋。

周子古镇原名舟口镇。公元1060年，宋朝理学鼻祖周敦颐溯江而上，前往南部县迎娶妻子，不料中途突遇风雨，因而停留蓬安讲学。

今人在他讲学的地方修建濂溪祠(现存于古镇半山腰)，又把舟口镇改名为周子镇。在濂溪祠，几叶小荷顶着雨珠儿，清新可人；几块嘉陵江石中，一丛芭蕉染绿……

地址
蓬安县峥嵘路

交通
自驾或县内乘坐公交车201、203、205、206、209路

游赏推荐
财神楼、画圣广场、濂溪祠

AAAA级景区

文化湖源
览胜之旅

进士文化景区

一湖清波
文脉留芳

地址
营山县朗池街道天井村
进士文化旅游景区内

★
AAAA级景区

耕读传家久，诗书济世长。《营山县志》记载：从宋至清，营山共产生57名进士，仅清朝就有26名，还有200余名举人、360名贡生，有"科第仕宦、甲于蜀都"之誉。

景区以营山"镇县之宝"回龙塔为核心，包括白塔公园、云凤书院、于式枚故居等景点。

穿过石板铺就的广场，跨过一座石拱桥，便是一座古朴的四合院。四合院门口左右两侧立着两尊石狮，门上的牌匾刻有"云凤书院"四个大字。古朴的云凤书院就坐落于一池碧水之上，丝丝细雨轻轻落入池中。

唤醒城市的梦

巍巍白塔，晨钟悠扬，宋代"白塔晨钟"为南充古八景之一。白塔为13层阁楼式砖塔，高37.1米，风吹过，塔铃摇曳，深吟浅唱，一山，一塔，一江，沉醉在夕阳的温柔里！

文化溯源 览胜之旅

地址
南充市高坪区
鹤鸣山景区

交通
乘坐市内2路、9路、
19路、22路、18路、32路公交直达

★ **AAAA级景区**

鹤鸣山白塔

西山万卷楼

一部《三国志》
笔写千秋史

文化溯源 览胜之旅

陈寿
233—297

千秋笔写千秋史，万卷楼藏万卷书。

南充有幸，出了陈寿，三国文化之源就此可以千年寻根。四川有幸，《蜀书》尽览蜀地三分天下的辉煌与悲壮：能攻心则反侧自消，自古知兵非好战……由《魏书》《蜀书》《吴书》组成的史学巨著《三国志》，让公元220年至280年间发生在中国大地上的三国风云走向世界，至今仍让人辗转深思，生发着无数历久弥新的话题。

万卷楼是陈寿读书和治学之所，始建于蜀汉建兴年间，历经岁月更迭，屡毁屡建，迄今已有1700多年历史。走进万卷楼，读懂陈寿，你才能感受陈寿内心的波澜壮阔，才能触摸惊心动魄的三国风云。

地址
南充市顺庆区
玉屏路西山风景区

交通
可乘3路、14路、16路、21路公交车

★
AAAA级景区

谯周 陈寿的老师

谯周（公元201年—公元270年），巴西郡西充国县（今南充市西充县）人，精研「六经」，颇晓天文，为蜀地大儒之一。刘禅为太子时，他被任命为太子仆。

西河静静流淌，西山林木深处一座谯公祠。谯公祠，便是纪念"蜀中孔子"谯周的祠堂。每逢清明，谯氏后人便从世界各地归来，于斯地祭拜先祖。

据《晋书·陈寿传》记载，陈寿"少好学，师事同郡谯周"。此外，文学家李密、大将军罗宪、杜轸等人都是谯周的学生。

如今，谯公祠与万卷楼相邻而建，在故乡的西山，谯周仍和他的学生陈寿在一起研读天地。听，青山有回响……

七宝寺牌坊

七宝寺南池书院

深山读书处
一院古苔生

一座藏珠山，山上一座七宝古寺，古寺后一座南池书院。

读山读水读人生。在这里，风光如画的西河流淌出S形的大湾，便有了南池书院三面环水、一面临崖的雄奇之景。沿山门石梯而上，便见一古牌坊"七宝寺"，600多年历史的南池书院便深藏七宝寺密林深处。穿行文昌楼、奎星楼、廊庑，古韵幽幽，书声琅琅。来书院当半日书生，偷得浮生半日闲。

地址
南充市嘉陵区七宝寺镇七宝寺社区

交通
距城区30公里

★ 第八批全国重点文物保护单位

"棉花会馆像朵花，田坝会馆赛过它，江西会馆岩上爬……"一首民谣唱出一段繁华的过往。如今，仅存的田坝会馆穿越历史沧桑，守望着岁月的古风遗韵。看，200多年前，这里商贾云集，丝绸棉花交易繁盛；听，会馆戏楼丝竹起，一曲"惊梦"绕十里。

唱一曲繁华过往

文化溯源之旅
觅胜

地址
南充市嘉陵区双桂镇

交通
距城区30公里

63

将帅故里·初心之旅

追寻红色印记🚩

南充是川陕革命根据地的重要组成部分，

亦是将帅故里，

是开国元勋朱德、

民主革命家张澜、

共和国大将罗瑞卿、

为人民服务的光辉典范张思德的故乡。

薪火相传的红色情怀根植于每一个南充人的心中，

生生不息的红色文化深深融入南充的山水之间，

成为这座城市的一抹厚重底色。

请到南充来，

聆听红色故事，

追寻红色足迹。

红军烈士纪念园·阆中

朱德故里景区·仪陇

长坪山红军纪念馆·南部

张思德纪念馆·仪陇

张澜故居·西充

罗瑞卿纪念馆·顺庆

顺泸起义纪念碑·顺庆

1926

见字如面
一封家书抵万金

每一次走进朱德同志故居纪念馆，她都怀着无比崇敬的心情。

每一次讲解朱总司令的家书，她都情不自己，说着说着就哽咽了。

她是朱德故里景区的导游，名叫陈薪伊，是一位90后姑娘。

全国抗日战争爆发后，朱德在给亲人的家书中说："我虽老已52岁，身体尚健，为国为民族求生存，决心抛弃一切，一心杀敌。"远在四川仪陇老家的母亲80多岁了，生活非常困苦，他不得不向自己的老同学写信求援："我十数年实无一钱，即将来亦如是。我以好友关系，向你募两百元中币。"战功赫赫的八路军总司令清贫如此、清廉如此，让人肃然起敬！

烽火连三月，家书抵万金。朱德的家书，还有朱德总司令在延安时期写的《母亲的回忆》，陈薪伊和她的同事们早已烂熟于心。每一次讲解，仿佛又是一次全新的感受，情动于中而行于言，用感动传递着感动。

朱德家书，见字如面，感人肺腑。

地址
仪陇县马鞍镇

看点
琳琅山、轿顶山、锤镰石

★ AAAAA级景区

将帅故里
初心之旅

一莲生节

张澜故居

梅韵表方　铁骨生香

　　青山环绕、翠竹相拥，红梅傲雪……张澜故居是一座始建于清代的复式三合院建筑，坐落在连绵起伏的山湾之中。蓄银须、穿布衣长衫的张澜站立故居院坝中，远眺家乡的山峦田野。故居正面一方清澈的池塘遍种青莲，让张澜故居多了几分灵秀。"一生莲节"的石刻，寓意张澜"一生廉洁"。

张澜故居	张澜纪念馆
📍	📍
地址	**地址**
西充县莲池镇	南充市顺庆区
观音堂村	西城街道表方街1号（建华中学内）
📞	📞
电话	**电话**
0817-6956522	0817-2795191

★
AAAA级景区

天塌下来，有"罗长子"顶着

在枪林弹雨的战争年代，他冲锋陷阵，屡建奇功；在美好安宁的和平时期，他忠心耿耿，铁肩担道义，他就是开国大将罗瑞卿。毛主席曾说："天塌下来，有罗长子顶着。""罗长子""铁面将军"……罗瑞卿的外号很多，这些外号不仅反映了他的脾气秉性、风格态度，也讲述着一个个惊心动魄的战斗故事，是珍贵的历史记忆。

地址
南充市顺庆区将军路25号

电话
0817-2601148

★ **AAA级景区**

将帅故里
初心之旅

为人民服务
毛泽东

我们的共产党
和共产党所领导的八路军、新四军
是革命的队伍
我们这个队伍
完全是为着解放人民的
是彻底地为人民的利益工作的
张思德同志就是
我们这个队伍中的一个同志
——毛泽东

张思德

将帅故里
初心之旅

为人民服务的生动课堂

张思德，全心全意为人民服务的光辉典范。

张思德出生在仪陇县一个穷苦农民家庭，经历长征，在炮火硝烟中成长为一名坚强的红军战士，并于1937年加入中国共产党。1944年9月5日，他带领战士们在陕北安塞县执行烧炭任务时，窑洞突然塌方，他奋力把战友推出去，自己却被埋在窑洞中，牺牲时年仅29岁。

毛泽东亲笔题写了"向为人民利益而牺牲的张思德同志致敬"的挽词，并发表了《为人民服务》的演讲。毛泽东高度评价："张思德同志是为人民利益而死的，他的死是比泰山还要重的。"

地址
仪陇县新政镇春晖路一段德园景区内

★ **AAAA级景区**

阆中市红军烈士纪念园

为您献上一朵小菊花

将帅故里 初心之旅

　　我只想安安静静地站在烈士墓前，听老师缓缓讲那些英勇的事迹。历经岁月洗礼，那些不怕牺牲、勇于抗争的精神依旧令人动容。登上一步步石梯，站在黄花山上，百亩青松在这片圣洁的土地上扎根生长，它们象征着先烈们的革命精神万年长存。

地址
阆中市
江南街道张宪街29号

电话
0817-6330611

交通
阆中市内8路、10路、旅游1号专线直达

顺泸起义纪念碑

打响巴蜀革命第一枪

顺泸起义纪念碑耸立在风景如画的西山风景区，站在纪念碑前，抚今追昔，历史的烟云，仿佛就在眼前。浮雕上起义战士奋勇冲杀的场面，再现了当年波澜壮阔的战斗场景。顺泸起义，是南充革命斗争史中的光辉一页，打响了巴蜀革命第一枪。

地址
南充市顺庆区西山风景区内

盐，为什么是红的？

　　"盐乡"南部的革命烽火，因为红军的到来而风起云涌。红军队伍曾三进"盐乡"，艰苦转战，恢复盐井，巩固了新生的根据地。站在长坪山最高处，四下风光尽收眼底，远山如黛，挺拔的翠竹和山下的河流，见证了那段波澜壮阔的历史。盐，为什么是红的？川剧《红盐》将这段历史搬上舞台，讲述红军守护"盐乡"、盐道的故事。

地址
南部县长坪镇长坪山

电话
0817-6228967

交通
距南部县城40公里

将帅故里
初心之旅

76

我是冯炼，一名90后，南部县长坪山第4代守墓人。

1933年，一名姓刘的红军连长主动请缨留守长坪山，掩护大部队转移。红军主力转移后，刘连长暴露了，牺牲在长坪山上。曾祖母偷偷把刘连长遗体背了回来，装进原本为自己准备的棺材里，埋在老屋背后。三个月后，曾祖母去世，临终前，她留下遗言："红军为穷人打天下，连长为我们而死，家族要世代为他守墓。"

从我记事起，每逢中秋、春节，家人都会端着贡品去祭拜刘连长。那时候我就知道，终有一天，我也会成为他的守墓人。2011年，政府在我家附近建起了红军烈士纪念碑和烈士陵园，我家守护的不仅是刘连长一座墓，还有800多位战士的英灵。

冯炼清扫墓园

诗画田园·怡然之旅

乡村的慢时光 ☂

唐代诗人李涉曾言：

"因过竹院逢僧话，偷得浮生半日闲。"

如今，"偷闲"的地方可不少，

来南充的乡村，

赏花捕鱼、把酒言欢、枕湖而眠，

将流光抛散。

择一雅静之处，

泡一壶清茶，

静坐一段光阴，

打开心境，

体会乡村的慢时光带来的安宁与欢愉，

非南充乡村不可得也！

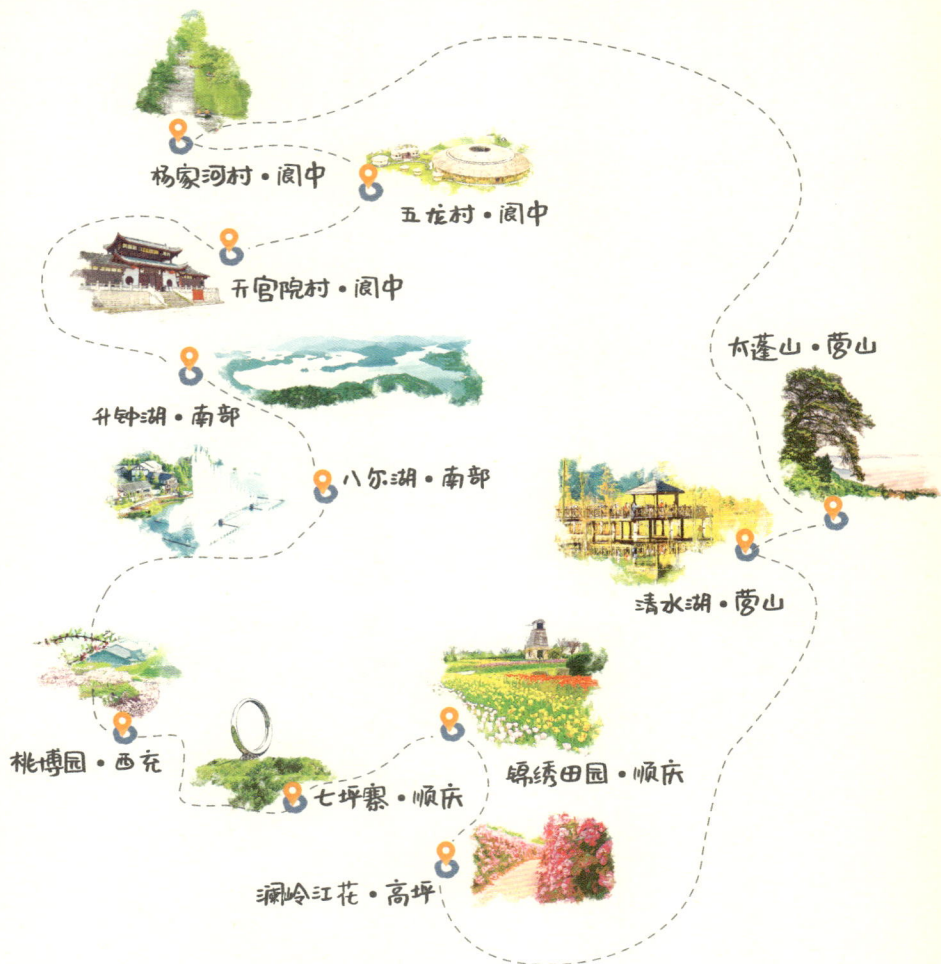

杨家河村·阆中

五龙村·阆中

天宫院村·阆中

太蓬山·营山

升钟湖·南部

八尔湖·南部

清水湖·营山

桃博园·西充

七坪寨·顺庆

锦绣田园·顺庆

澜岭江花·高坪

快来，喝杯素清奶奶磨的咖啡吧！

这里的咖啡不一般，磨制咖啡的人是"70后""80后"奶奶们。

"以前我连咖啡是啥都不晓得，现在已经有很多人喝过我磨的咖啡啦！"在五龙村芸桢民宿咖啡馆，86岁的"咖啡奶奶"王素清满脸自豪。

磨豆、焖蒸、装杯……奶奶历经沧桑的双手如今悠闲地磨着咖啡，自带了一份田园恬静，很受客人青睐。奶奶没有想到，都这把年纪了，反而因为手磨咖啡成了"网红"，被央视《新闻联播》《朝闻天下》栏目报道后，不少远道而来的客人都能喊出她的名字。

素清咖啡馆如今还开到了阆中古城内，一杯手冲咖啡38元，其中5元是捐给扶贫基金会的。对于生活在大山里的老人来说，一年可以从乡村旅游中获利近万元，基本生活不虞匮乏，再加上爱与客人互动的乐观态度，身体心灵同时获得满足。

天宫镇五龙村

凤舞天宫　诗意五龙

　　前临石龙河，后倚管家山。这里宁静闲适，村民日落而息，日出而作，这里便是天宫镇五龙村。

　　一座圆形的大茅草屋在石龙河边静默着，一条红色的骑游道在管家山下延伸，一垄垄五彩的花卉园，红绿黄橙青蓝紫，装点出山村秀色，还有菜地、鱼塘、稻田、果园……

　　当晚，就餐于五龙村食堂。一壶老酒是桂花酿造的，摆在餐桌上，散发着家乡的味道，一下子唤醒了童年的味蕾记忆，给予我们久违的乡恋。

　　翌日一早，被鸟儿的啼鸣惊醒。正在山腰厨房张罗早饭的邓大妈很早就起床了，桌上摆满了乡味，土鸡蛋、土馒头……乡村的黎明，有露水的清甜，有阳光的温柔，五龙村在袅袅炊烟中醒来……

地址
阆中市天宫镇五龙村

电话
0817—6516729

休闲方式
吃五龙大食堂
住乡村民宿
游农耕博物馆

★
全国乡村旅游重点镇（村）

你也愿 我也愿
何不修座天宫院

青山绿水环绕的天宫院村，有一座神秘的天宫院。

唐代天文学家袁天罡、李淳风，一个成都人，一个陕西凤翔人，奉皇帝之命观测天象，不想师徒俩选择了同一个地方。怎么办？两人不争不抢，留下了"你也愿，我也愿，何不修座天宫院"的传世佳话。

从此，两人在这里观天测地、著书立说。李淳风还建立"风动标"，根据风对树叶的吹动和损坏程度，将风力划分为八级：动叶、鸣条、摇枝、落叶、折小枝、折大枝、折木飞砂石、拔树和根，成为世界测风定级"第一人"。

许是天意，两位神仙式的人物最后都葬在这里，一个在山这边，一个在山那边。

地址
阆中市天宫镇

电话
0817—6516729

票价
30元/人

82

杨家河村

河水清得像一面镜子

去"阆中小九寨"的杨家河村，一定要坐一次竹筏。两岸绿树成荫，花香逼人，蝶在花间纷飞，人在河中荡漾。若是来得巧，还可参加稻田捉鱼、大力士挑战赛、拔河等活动，有趣得很！

地址
阆中市思依镇

票价
竹筏与乌篷船均为20元/人
漂流40元/人

升

钟
湖
SHENGZHONGHU

20世纪80年代

一个真实的故事：升钟湖之恋

我真想再来升钟湖看看，也真想见见她。

我60多岁了，不知道她在哪里，也不知道她好不好。

......

1981年，我从四川大学水利专业毕业，来到升钟湖库区当技术员。白天，上山梁下谷底，勘探测绘；晚上，铺着草垫，席地而睡。

大约是第二年的5月，我病倒了，老乡把我送到成都华西医院。在这里，我认识了一个叫华的护士。

"水库要是建成了，就是西南最大的人工水库，有10个西湖大。"

"可以灌溉千千万万亩田地，收万万千千担粮食。"

我给华讲升钟水库，讲舞狮和剪纸，还有醴峰观的故事......

身体渐渐康复，华请我参加医院的舞会，过生日时，华还给我送了一支钢笔......

当时，我们什么也没有说。

因为水库急需技术员！突然一天，技术队来医院接我，来不及说一声再见，我就回到了库区。我给她写信，说升钟又通了一条渠，她也给我回信，说工作，说弟弟妹妹。

我们还是什么都没有说。

1984年，升钟水库下闸蓄水，我们也失去了联系。我曾到医院找过她，但她早没在医院工作，就这样一晃40多年过去了。

她曾说，想来升钟湖看看。2009年，升钟举办钓鱼节，我又回到了工作3年多的升钟库区，真是大变样啊！碧水蓝天，绿岛棋布，水清鱼肥，一转身，那一艘艘船就消失在湖光山色之中，就像她一样，不经意就找不着了……

概况： 升钟湖是西南地区最大的人工湖，湖光潋滟，环湖四周保留着众多的先民遗迹、古刹寺庙以及傩戏、根雕、盆艺等古老的民间艺术，形成了具有升钟湖特色的川北旅游文化。

📍 **地址：** 南部县升水镇（距南部县县城约30公里）

☆ **推荐：** 升钟鱼值得品尝、娲仙谷值得一游

🚗 **交通：** 1. 自驾前往升钟湖景区可在南部定水下高速，后经由定升公路到达景区。

　　　　2. 南充城北车站乘坐班车到达升钟湖景区。

　　　　3. 乘坐高铁前往升钟湖景区可在南部站下车，后往南部城西客运站乘坐班车到达升钟湖景区。

★ **AAAA级景区**

青山环抱，湖水澄净，都说八尔湖是川北的"小西湖"。这里，湖湾蜿蜒，每一帧都是"梦里水乡，湖畔人家"的山水画卷。

船行水面，清风徐来，老船夫摇着桨，也摇醒了沉入湖底的古老传说。

相传在战国时期，蜀地旱涝肆虐无常，百姓们苦不堪言。时任蜀郡太守的李冰，在巴蜀大地广修水利设施，在这湾滩放养了一只神龟，以保一方平安。

岁月轮替，百姓撒网捕鱼，种豆插秧，日子就像湖水一般平静。一天，一位渔民在八尔滩捕

纯阳山村

梦里水乡
八尔湖

八尔湖

上来一只大龟。夜幕降临，龟身金光闪烁。渔民见
状，不忍伤害，系上妻子的一只耳环将其放生。数
百年来，这只神龟被百姓们放生了八次，身上也系
了八只大小不一的耳环，从此这湾滩便名为"八耳
滩"，后演化成"八尔湖"。

　　岁月流淌，一湾美丽的湖泊，不变的是山水相
依，鱼翔浅底。如今，当你走进八尔湖，依湖而建
的川北民居、水韵花谷、湿地栈道、玻璃桥，都
是令你心动的"打卡地"。最美不过，坐上画廊游
船，穿行于碧波，看蓝天白云，青山悠悠，隐于山水
之间 ……

📍
地址
南部县八尔湖镇

🚇
交通
距离南部县县城40公里

★
省级湿地公园

思念在水里摇曳

风在梦里清甜

故乡的老屋就在清水湖畔。

秋日，又是湖风扬波白鹭飞的时节，我再一次踏上归乡的路，走进清水湖的静谧。沿蜿蜒曲折的生态栈道穿行于清水湖，心情随白鹭、翠鸟自由飞翔，青山、红杉、蓝天、白云，晕染了最浓烈的秋色。风吹过，清水湖有些心动，荡起一湖的澄澈，那一排排树倒映在湖面上，水之悠悠缓缓，显现出一幅灵动诗意

泛舟清水湖

的图画。

清水湖原名幸福水库，是开凿于上世纪50年代的人工水库。曾经，我的父亲和乡亲们背着干粮、扛着锄头，开山凿石，兴修水库，还在悬崖峭壁上开凿渠道，建成纵横交错的水网"千里渠"，大量的渡槽如彩虹般横架于山之间，灌溉万亩农田。"千里渠"又被誉为营山版的"红旗渠"。

此时，临湖听风，不由想起一首名为《清水湖》的歌谣："风还是梦里那样清甜，思念一半与泥土交谈，一半在水里摇曳……"

我的家在清水湖，我的根在清水湖。

地址：营山县清水乡，距离县城10公里

游赏推荐：湖面开阔，湖心岛、半岛密布，野生动植物资源丰富，被评为"南充十佳湿地"

美食推荐：鱼稀饭

诗画田园 怡然之旅

西充·青龙湖

★ 国家级湿地公园

　　泛舟湖上，波光点点，水鸟惊飞，若在画中游。她就是仙女滴落的眼泪，一遇到你，她就笑了。

蓬安·相如湖

★ 国家级湿地公园

　　千里嘉陵江水色，含烟带月碧于蓝。相如湖的蓝似天空般纯净，留得住白云，留得住你。

高坪·缤纷水岸

吹着江风，漫步花草间，望远山近水，你在江边看风景，桥上的人在看你。

嘉陵·太和白鹭景区

白鹭来，要发财；白鹭走，要讨口。村民和白鹭就是这么相处的。

嘉陵·黄金江岸

杨柳依依、小桥流水……这边海棠刚羞红了脸，那边青草就爬满了坡，来这里走走，就好似走进了江南水乡。

桃博园

在那桃花盛开的地方

　　"桃之夭夭，灼灼其华"，每到阳春三月，我便迫不及待地要去桃博园村看看，那里60余种3万多株桃树争先盛放，芬芳烂漫。桃博园村是南充十大网红村之一，游客三五结伴，漫步桃林，沉醉春风里，沉醉"桃花源"。

地址
西充县古楼镇

赏花
2月—4月

品果
6月—8月

张丽萍（西充县义兴镇西山庙村香桃种植户）

今生今世『十里桃花』等你来

爸爸有两个女儿，爸爸说我们是屋前两株桃树开的花。

我读大学时，爸爸在屋前种了20亩桃树。每当我寒假返校时，桃树就开始冒花骨朵，我好想看看"桃花嫣然出篱笑"的春天。但我知道，爸爸的桃花开了，我就要离开家了。有一天，我一定要回到这里，种满"十里桃花"。

那一天，终于到了。我大学毕业了，我要回家种桃树。爸爸愕然，后沉默同意，也许我们心中都有一片最美的桃林。

不懂种植技术，就学习呗。6年，桃林从20亩"长"大到300亩。我也在桃林里和他恋爱、结婚。妹妹今年读高三，爸爸说，桃花林又要出一个大学生啦！

如果你问我为什么回乡种桃，我只能告诉你，我真喜欢桃花，喜欢桃树下的各种花花草草，喜欢黄灿灿的油菜花，那个时候，阳光正好，微风不燥……

93

七坪寨

仰望"天空之眼"
玻璃栈道"步步惊心"

　　登临七坪寨，看群山环绕、公路九曲回肠、西河静谧流淌……长达2400米的木质栈道依山而建，直径18米的"天空之眼"高高矗立在制高点，悬空达70米高的玻璃栈道让你"步步惊心"，盘山而上，你还可以踏访古老兵寨。

地址
南充市顺庆区新复乡

电话
0817-2223014

交通
幸福公交8路

休闲方式
观光、徒步、农家乐

诗画田园
怡然之旅

诗画田园
怡然之旅

锦绣田园

阳光为衣 绿草作伴
"锦绣"好还乡

　　走进顺庆区搬罾街道的锦绣田园，就仿佛走进一片五色花海之中。黄的、紫的、红的、白的各色花朵，加上湖水泛波，亭台点缀，好一幅世外桃源的景象。

　　锦绣田园景区占地686亩，园内花卉四季覆盖率达85%以上，各种奇花异果100余种，让游客流连忘返。

地址
南充市顺庆区搬罾街道

电话
0817-2536888

澜岭江花

春风十里
闻香有"你"

南充的春天来啦，必须要安排美美的花海美照呀！

在这里，南充的一片锦瑟花海火爆朋友圈，真的美得不得了！

它就是高坪的澜岭江花，距城区约4公里。

快点，我们去看浪漫的粉色花海咯！

地址
南充市高坪区都京街道永安村

电话
0817-3393098

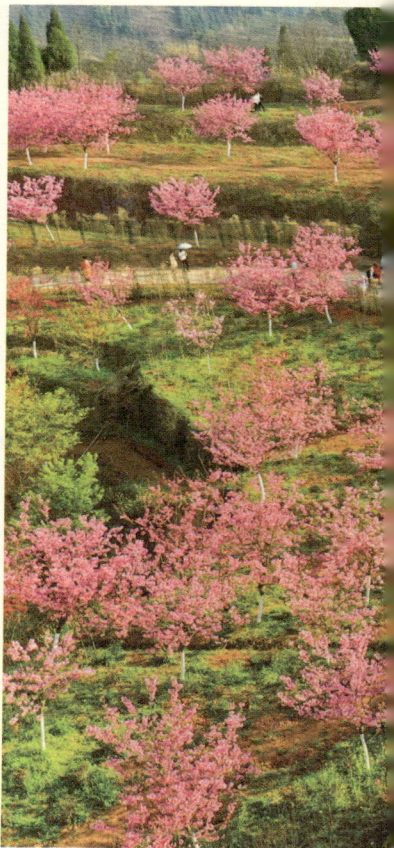

诗画田园
怡然之旅

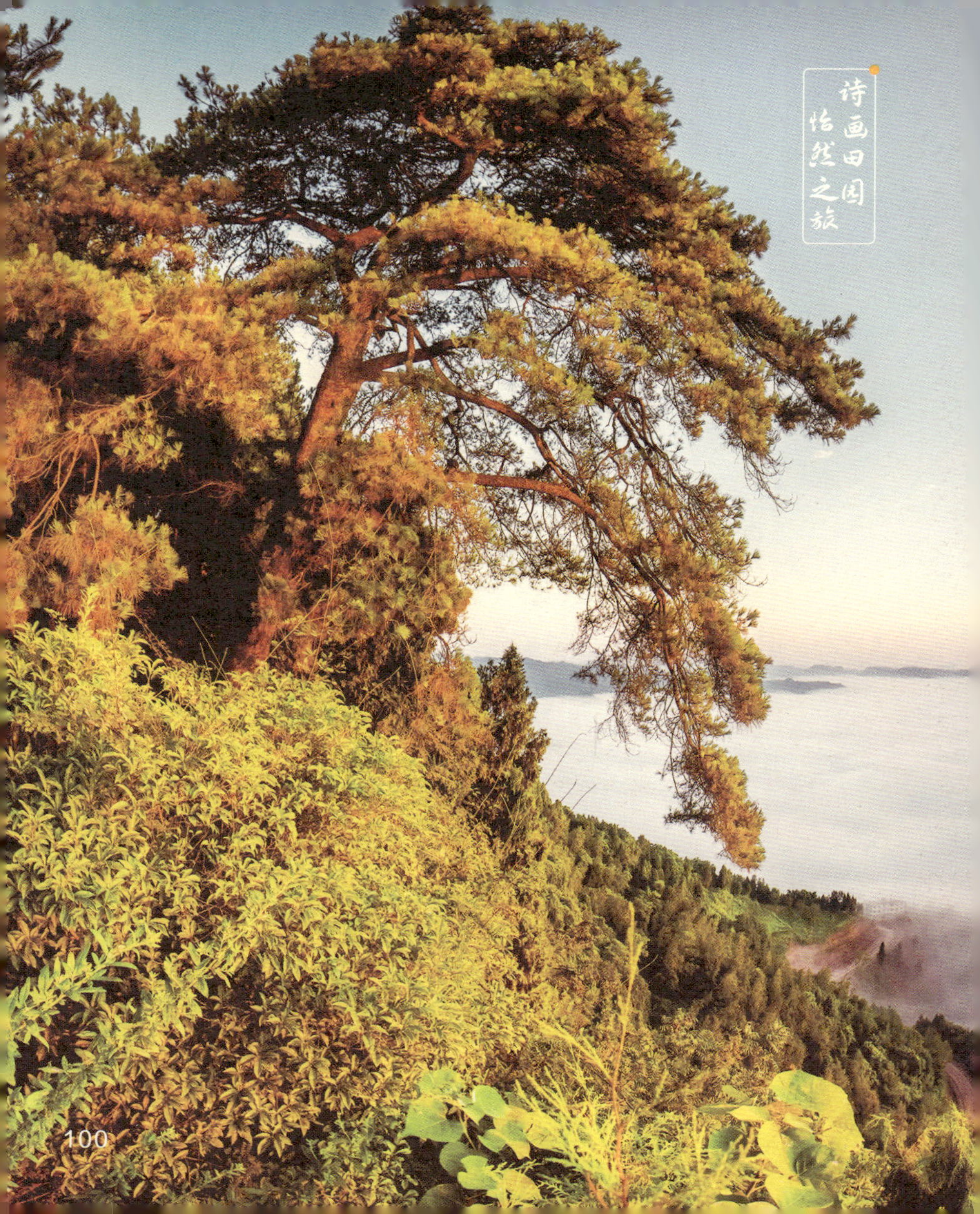

太蓬山 TAIPENGSHAN 一次相见 便成思念

那些年，跟着父亲走很远的山路，到太蓬山去赶庙会。

十里八乡的乡亲们呼朋引伴，沿着曲曲折折的山路向太蓬山汇集。群山奔腾，太蓬山异峰突起，很远就可以看到。

太蓬山四面陡峭，顶部平坦，像一张桌子，人称"桌山"。

"桌面"有金碧辉煌的庙宇，有独依绝壁的迎客松，有"是洞非洞是为仙洞"的穿岩洞，还有农民的茶园和稻田。

"桌子"的四只脚，就是上山的四条山道，有寨门封锁。自古以来，这里就是兵家必争之地。红九军副军长许世友打马过营山县时，在太蓬山设指挥部，山上的朝阳洞还用作军火库。

一年又一年，我们走向太蓬山，也由童年走向了成年。

后来，沿着太蓬山下的公路，我从山村走向了城市。这些年，也游历了不少名山大川，但是太蓬山依然是心中的思念。

相看两不厌，唯有太蓬山。

⊙ **地址:** 营山县太蓬乡，距离营山县县城47公里。

☆ **看点:** 国家森林公园，有黑鹳、大灵猫、红腹锦鸡等国家重点保护野生动物。

⊞ **交通:** 从营山县县城出发，走巴渝（巴南广）高速公路，在蓼叶出口下高速公路，再有17公里车程即达。

★ **国家级森林公园**

高坪·金城山

⭐ **省级森林公园**

　　金城山，山峰俊秀，树木繁茂，俨然一个天然氧吧。林海、险峰、奇洞、清泉、古刹构成一幅幅令人流连的自然图画和人文景观。

高坪·凌云山

⭐ **国家级森林公园**

　　独特地貌，山势连绵，林木参天，具有"雄、奇、险、幽"四大特色，山顶凌云古刹始建于汉末，现存真武宫为清道光年间重建，有遇仙岭、望夫崖、舍身崖等自然奇观，享有"果郡灵山"之美誉。

嘉陵凤垭山·天乐谷

天乐谷景区以凤垭山为基础，突出孝文化主题，打造了孝心阁、孝心桥、孝字广场等旅游景点，集文化体验、旅游观光于一体，是南充近郊游的好去处。

蓬安·白云山

★ 国家级森林公园

白云山，山上重山，岩上叠岩，灌木苍莽，怪石林立，溪流回环，充满原始韵味。

南充·西山

西山宛如一道绿色屏障，环抱市区西面，山上林木葱郁，素有"西山秀色"之美誉。

匠心匠艺·非遗之旅

探寻文化的根脉

遇见非遗，
方知方圆之外的大千世界；
爱上非遗，
从此它便与你的记忆血脉相连。
你好，这里是南充的非遗记忆。
我们一直在等你，
与时光共舞，
与灵魂作伴。

阆中手工打结丝毬编织技艺

保宁醋传统酿造技艺·阆中

川北皮影·阆中

剪纸博物馆·仪陇

川北灯戏·顺庆

川北大木偶·顺庆

高坪竹编非遗传习馆

中国绸都丝绸博物馆·嘉陵

国家级非物质文化遗产·川北大木偶

写字 变脸 吐火 穿衣
人偶皆是情

清初移民时，湖广人青发荣将大木偶带到了仪陇县，人称"川北大木偶"，至今已有300多年历史。川北大木偶身高四尺有余，是目前世界上最大的木偶。演出时，大木偶能穿衣戴帽、变脸写字等，让人感受到生命的存在。著名木偶大师奥布拉兹佐夫称赞川北大木偶艺术是"世界上罕见的木偶艺术，是中国民间艺术的冠冕"。

南充市博物馆(川北大木偶馆)

精彩剧目
《龙门传说》《彩蝶神话》
《丝路驼铃》《玉莲花》

地址
南充市顺庆区白土坝路西河体育公园内

当张艺谋遇见
"熊猫队长"

时间定格在2018年2月，韩国平昌冬奥会闭幕式。

在张艺谋导演的《2022相约北京》北京8分钟文艺表演中，两名来自四川南充的"熊猫队长"如钻石般璀璨，向全世界发出来自中国的邀请。英国《卫报》文章称："奇异的、发光的、有透视感的溜冰熊猫。绝了！"

张艺谋和川北大木偶是怎样的一次相遇呢？

2017年6月，在南充一个流行音乐晚会上，平昌冬奥会北京演出协调部部长张树荣，第一次看到了川北大木偶："很灵活，可以舞动8米的长绸，还可以写毛笔字。"

这正契合了"北京八分钟"总导演张艺谋的设想。

川北大木偶团队反复研发尝试，最终用碳纤维和led灯珠作为熊猫队长的制作材质，历经多次"面试"，终于与"北京八分钟"喜结良缘。

川北皮影
方寸舞台　世界非遗

阆中王皮影　南部马王皮影

夜色起，孤灯巍巍。
牵丝线，皮影成对。
人声渐渐沸，台上锣鼓声声催。
演世间，恩怨千百回。

帷幕前，笑靥迷醉，
红烛下，泪暗自垂。
曲终场，人潮退，
形单影只在等谁。
浅吟唱，盼良人早归
……

—— 《牵丝戏》（节选）

王皮影博物馆	马王皮影传习所
📍	📍
地址	**地址**
阆中市大东街66号	南部县文化馆
🕐	🕐
开放时间	**开放时间**
10:00至19:00	每月2次

匠心匠艺
非遗之旅

方寸白布一个舞台，尺把小人演绎华彩。

幕布后，川北王皮影第七代传人王彪 "一口叙说千古事，双手时舞百万兵"，一人就演出了关羽《千里走单骑》的智慧勇猛。

王彪11岁就跟随祖父王文坤学习表演皮影戏。1986年，王文坤前往奥地利参加世界艺术节，奥地利总统连连称赞：这是真正的东方艺术！

似真非真、似幻非幻，光影浮动之间，传承300多年的川北皮影戏就这样在岁月里低吟浅唱。

阆中王皮影

川北灯戏

《跳蹬》跳上国家大剧院舞台

国家级非物质文化遗产

匠心匠艺
非遗之旅

"戏"的概念是很宽泛的。在南充，一说："走，看戏去！"大家都不约而同地想到川北灯戏。

　　川北灯戏，是川北这片土地上土生土长的地方剧种，据史料记载，川北灯戏至少有400多年历史，是比川剧还古老的剧种，也是形成川戏的"昆高胡弹灯"5个剧种之一。

　　川北灯戏也叫"农民戏"，又称"喜乐神"，演出多与春节、灯节、社火、庆坛等民俗活动结合在一起。川北灯戏剧团现存的300多个剧目大多取自农民的日常生活，一根扁担、一个板凳都能入戏。灯戏的演出不择地方，无论是农家院坝还是场镇戏台都能演，演员登场亦不需要复杂的服装道具和舞台设置，煤油灯、汽灯、马灯在柱子或树上一挂，"胖筒筒"的胡琴及鼓锣一响，便扯开了场子。

　　"一堂歌舞一堂灯，灯有戏文戏有灯。庭前庭后灯弦调，满座捧腹妙趣生。"热闹又有趣的川北灯戏，在茶馆、在广场、在高端大气上档次的剧院都有演出，2016年12月30日晚，川北灯戏《跳蹬》跳上国家大剧院舞台。

☆
艺术特色
诙谐 乡土

演出地址
在南充大剧院有不定期演出

❁
精彩剧目
《跳蹬》《张飞轶事》

一口千年井
一品千年味

　　一口古井酿造千年味道，一滴醋香飘万家……是谁凿了这口井，是谁酿了这人生之味？是生活的浸泡、炭火的蒸煮、时光的发酵。到博物馆闻闻醋香，体验一次酿造工艺，体验一粒粮食的涅槃。

酿醋工艺展示

中国保宁醋文化博

地址
阆中市公园路63号

开放时间
08:30至18:30

阆中丝毯

国家级非物质文化遗产·阆中手工打结丝毯编织技艺

桑蚕丝丝织锦绣

　　"挽住彩虹浣作丝，巧手织出七色毯。"缫丝、染色、编织、片剪、整修……如若不亲自探寻，我们何曾知晓多少光阴藏于万千丝线，多少丝线方成一寸丝缎。一丝一缕，一经一纬，丝毯是时光织成的艺术，是等待的艺术。

阆中丝毯文化创意产业园

📍
地址
阆中市凤翅大道与朱子街交汇处

🏅
获奖情况
　　荣获"中国工艺美术品百花奖金奖""全国手工丝毯质量评比第一名""中国驰名商标"

113

仪陇剪纸博物馆

川北剪纸:
一颗女儿心 一份相思意

何作霖剪纸作品《红楼梦》

　　剪窗花，剪鸳鸯，剪不尽的女儿心，理不清的相思意……如果你知道剪纸艺术最初的心意，你就会多一份柔情。若有兴趣，还可拿起剪刀、纸张"剪"一个自己的故事，你也可以跟剪纸大师学做火烩剪纸、剪纸藏书票、撕纸艺术，细细品味技艺百味。

仪陇剪纸博物馆地址
仪陇县新政镇春晖路二段
（德园景区游客中心旁）

剪纸传承人
何小锵、何小玉、袁稚发等

免费学艺时间
每周三、六

匠心匠艺
非遗之旅

指尖上的飞扬

高坪竹编非遗传习馆

你看，一根不起眼的竹，历经劈篾、劈丝、抽丝、刮篾等工序，就蝶变成精美的灯笼、提篮等数百种制品，有的薄如蝉翼，有的细如发丝，有的柔如丝绸……在这里，上至精美工艺品，下至生活用品，一物一品皆是你喜欢的模样。

如果你喜欢，就让篾条在手中飞舞一会儿吧，自己动手编一个小灯笼带回家！

地址
高坪区长乐镇苏家桥村

特色
可体验竹编艺术

中国绸都丝绸博物馆

丝路花雨的芳芳

因着青山的氤氲、碧水的轻灵，桑海、蚕事与丝韵在这里华光千年，有了那灵动的茧丝织就的绸，也有了这丝路驼铃响千年的城。千年过去，时代更替，桑蚕制造之声从未消声匿迹。侧耳细听，那吱吱呀呀的机器声就是对古老文明的深沉回响。

📍 **地址**
南充市嘉陵区燕京东路9号

📞 **电话**
0817-6171888

117

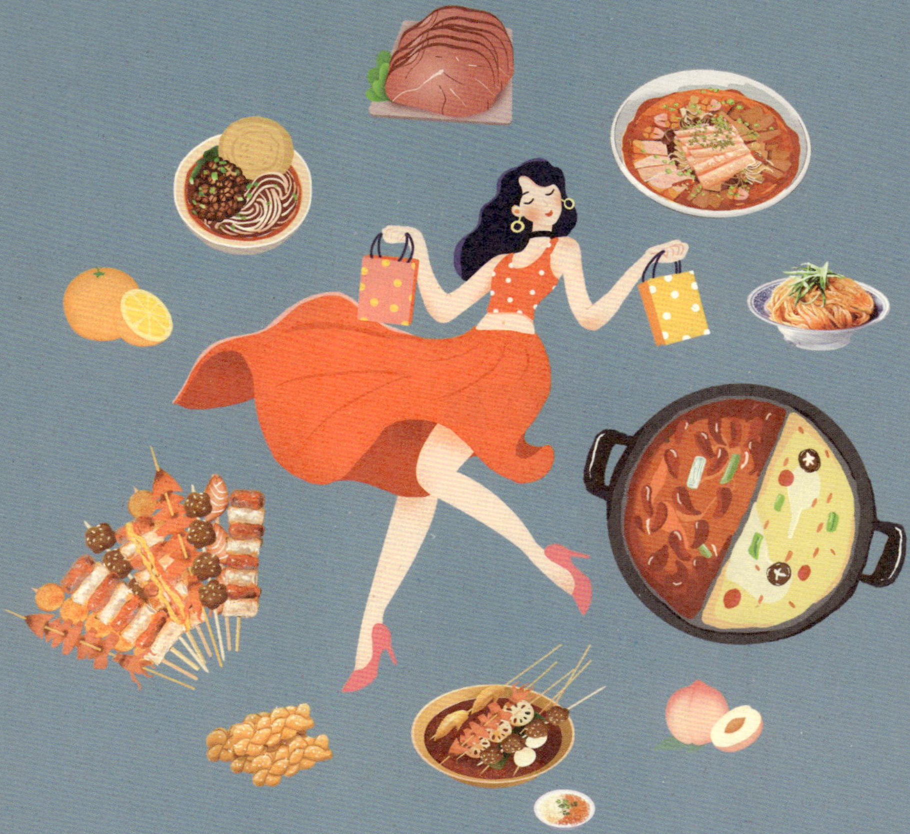

PART 3

到南充去的N种诱惑

我就是冲着诱惑来的。

面对美食，我是主动的；

面对美景，我是从不拒绝的；

面对美宅，我是住了不后悔的；

面对美物，我是买了还要再下单的；

面对帅哥美女，我是一贯喜欢打望的；

……

吃

·烟火味道

汪曾祺曾说："四方食事，不过一碗人间烟火。"

这人间最袅绕缤纷、至繁至简的，是烟火气。

这人间最深入人心、难舍难分的，是烟火气。

烟火气，是楼下店铺的豆浆油条，是平凡生活的柴米油盐，是红泥火炉的把酒言欢，是街巷市井的嘈杂喧闹。

烟火气，是人间最绵长的滋味。充满烟火气的生活，才是最诗意的生活。

仪陇客家水席

121

1227，原来你是有故事的

华灯初上，1227夜市才开始苏醒，一栋栋仿古建筑被弥漫开来的人间烟火气息包裹，比老街还有韵味。

老罗家的烤串在1227夜市里可谓一绝。老罗一家人，你穿串儿、我烤串儿，演绎起肉串在火上起舞的"魔术"：肉粒和酱料每一次的激情碰撞，都伴随着星星火光，激发出无尽的香气……

市井长巷，聚拢来是烟火，摊开来是人间。走进熟悉的小店，点一份熟悉的味道，抚慰的不仅是你的舌尖，更是那整日忙碌的身心。

当你喝着啤酒、撸着串时，想过这个夜市为什么叫"顺庆1227"吗？原来，这是有一段历史的。公元1227年（南宋理宗宝庆三年），曾任果州（现顺庆）团练使的赵昀，登基当上了皇帝。他认为此地是吉庆、顺心之地，便将果州命名为顺庆。至此，顺庆这个名字伴随着历史更迭一直沿用至今。如今，顺庆1227购物广场还复建了顺庆府衙等历史建筑，共同纪念这个特别的年份"1227"。

地址
南充市顺庆区红光路1227夜市

特色
打卡美食、看电影、购物、K歌

取料

磨浆

搅凉粉

风味小吃

忘不了的川北凉粉

我坐在日出里，看城市慢慢苏醒；坐在夕阳里，看城市渐渐沉睡，一整天俯瞰着这座城市的一切，直到所有的灯熄灭，也不舍得离开。

4年前，我来到西华师范大学开启新的人生旅程。同寝室的胖子是地地道道的南充人，带我吃的第一顿就是有名的川北凉粉。

店里的阿姨，将一盆固体状的凉粉刮成一根根细条放进碗里，加调料以后，直接就给我们端了上来。红辣味醇、鲜香爽口的川味风格，让我吃的第一口就爱上了它。在后来的时间里，我们无数次约在北湖路的那家川北凉粉店，在店里谈论自习课上的女孩，谈论蓝花楹盛开的样子，也聊一些毕业后的理想生活。

"时光的河入海流，终于我们分头走……"当《凤凰花开的路口》旋律响起时，我们也到了各奔东西的时候。

春辣椒

去渣

旋凉粉

青春带走了什么？青春留下来什么？南充，这座留下我青春光影的城市，爱上它是从那一碗川北凉粉开始的。

大学毕业，相约凉粉店。一碗凉粉下肚，回忆慢慢涌上心头，遥想当年一起入学，一起上课，一起挑灯夜读的时光，顿时有些伤感。直到一个拖着行李箱的同学从这家店门前走过，我的泪水便泛滥成灾。

让我掉下眼泪的，不是离开城市的难过，让我依依不舍的，是胖子，还有极光、阿信、小曼。

☆ **特色**
麻辣鲜香、细腻爽滑

名店推荐
南充市顺庆区西河中路128号

川北凉粉
微电影

张飞

跨界卖牛肉啦

张飞不是杀猪的吗？怎么有张飞牛肉啦？不急，先听首歌。

"红脸的关公战长沙，黑脸的张飞叫喳喳……"听了这首歌，再来品张飞牛肉，你会觉得滋味更佳。张飞牛肉的外表真如张飞一样黑，一刀切下去，肉质却红润鲜亮、纹丝紧密，恰如"面皮墨黑一颗红心向蜀汉"的张飞。轻撕切面，如银丝松针相联，细细咀嚼，其味无穷。

如果你喜欢微醺的感觉，张飞牛肉绝对是"标配"，义气传千古，一肉解千愁！

如果你喜欢追剧，张飞牛肉就是绝配，撕着吃，唇齿生香，打发一整晚的闲暇时光……哦，还有张飞啤酒可以畅饮！

🛒
购买指南
阆中古城及南充各大超市，眼睛随便一瞥，就可以找到

南充米粉

南充人自己的味道

🏛 名店推荐

文兴粉馆／地址：南充市顺庆区延安路北城派出所西南50米

果城第一家／地址：南充市顺庆区大西街14号

佳家粉馆／地址：南充市顺庆区平城街二市场

南充米粉
微电影

南充人叫吃粉为"喝粉"。清晨一醒来，市民便旋风似的跑到街头巷尾，喝一碗味道鲜美的米粉，开启一天的美好。街边，市民站着或蹲着喝粉的架式，是南充最生动的市井图。

南充人喝粉的历史至少百年了。早在清代，南充米粉中的顺庆羊肉粉就闻名遐迩。顺庆羊肉粉由米粉和羊肉汤、馅，配上考究的佐料而成，具有粉鲜、馅鲜、汤鲜的特色，米粉质细、绵软，汤色乳白而滚烫。数九寒冬，喝一碗羊肉粉可发热冒汗，故有人喜用食羊肉粉发汗治疗感冒。

喝粉是南充人的日常，早上可以喝粉，中午可以喝粉，晚上还是可以喝粉，因此南充的大街小巷都有粉馆，甚至还有24小时不打烊的粉馆，牛肉、牛肚、羊肉、羊杂、鸡丝、鸡杂、肥肠、三鲜等品种任你选择，当浓郁的汤头和顺滑的米粉邂逅，便碰撞出无与伦比的滋味。

这滋味，是从小吃到大的滋味，是浓浓的家乡味。如今，南充米粉有了"方便系列"，走到哪，都想喝一碗南充米粉；走到哪，都能喝上一碗南充米粉。

漉米

磨浆

滤浆

榨粉

烂骨汤

非遗美食

「杨鸭子」

麻、辣、香、酥、脆……吃一口"杨鸭子"，你就直接被征服。肉质紧密，外酥里嫩，滋味劲道，连鸭骨嚼起来都嘎嘣脆、喷喷香。

名店推荐

杨家联杨鸭子	地址：	南充市顺庆区宁安巷6号
杨家联杨鸭子	地址：	南充市顺庆区西门坝街282号
杨家联杨鸭子	地址：	南充市顺庆区铁荣路108号

「营山凉面」

不是所有凉面都叫营山凉面。营山凉面色泽光亮、红油劲霸，辣得你舌头打圈圈。营山人有新年第一天吃凉面的习俗，寓意红红火火、平安长寿。

营山凉面还有一首歌，你听，"挑担担那个卖凉面，营山的凉面不一般，油辣子那个花椒面，葱花洒在那碗中间……"

名店推荐

唐氏凉面店 ｜ 地址：营山县大南街工人文化宫

「大通热凉粉」

　　大通热凉粉实在讲究，豌豆粉搅拌成糊状，加入腊肉粒、姜、蒜等，柔嫩爽滑，鲜香可口，经济又实惠。

名店推荐

赵碧荣大通热凉粉
地址：南充市嘉陵区长宁街11号 ｜ 价格：8-10元

「蓬安姚麻花」

　　别小瞧这姚麻花，它可是清朝皇帝的御用小零食。乾隆年间，在宫廷担任御厨的姚氏先人辞官回乡，麻花制作工艺也秘传至今。椒盐、肉松、芝麻、怪味、红糖、麻辣……小小麻花惊艳你的舌尖。

名店推荐

地址：蓬安县周子古镇下河街68号
价格：18元/斤

「卧龙鲊」

　　肥而不腻、一片肉就能让你吃饱的"卧龙鲊"，将猪的五花肉切成大片，配以生姜、鸡蛋、白糖汁、料酒、葱、蒜等10余种调料，再加上大米粉和匀，放在蒸笼上蒸40余分钟就行了。

名店推荐

升钟湖假日酒店 ｜ 地址：南部县升水镇升钟湖假日酒店
八尔湖龙涎尚庭 ｜ 地址：南部县八尔湖风景区任江寺村

特色美味

「阆苑三绝」

　　保宁蒸馍与张飞牛肉、保宁醋相逢，便成"阆苑三绝"。将牛肉、蒸馍切成小方块，并在油中酥—酥，配以高汤、加醋，经文火煮沸即可，具有开胃健脾、增强食欲的作用。

美食体验
有一点酸、有一点鲜、有一点爽滑。

「川北九大碗」

　　大团圆、龙睁眼、传家酥、鸳鸯蛋……幺妹儿，上菜啦！全席共九道菜。撤台，撤边不撤中；走菜，走左不走右；开席，吃菜先喝汤。

美食体验
川北风味，农家婚庆或招待贵客的大餐。

132

饕餮食客

凤垭山腊肉 | 地址：南充市顺庆区南门坝外滩一号
电话：0817-3638669

金宝缶鱼 | 金川酒家
地址：南充市嘉陵区金宝镇川主宫社区金府街55号

西充铜火锅 | ◆充国蒲记铜火锅 ｜ 地址：西充县南街199号 ｜ 价格：60/人
◆西充县建业家园私房菜 ｜ 地址：西充县莲湖东路69号

南部肥肠 | ◆正宗沈肥肠 ｜ 地址：南部县乐群路1号
◆眼镜肥肠店 ｜ 地址：南部县老五十二队车站对面
◆谢三娃肥肠 ｜ 地址：南部县幸福路218号

蓬安米凉粉 | 蓬州唐氏米凉粉
地址：蓬安县建设中路22号 ｜ 价格：6元/碗

鱼稀饭 | 营鱼牌鱼稀饭
地址：营山县清水乡清水湖社区

苦瓜酿肉 | ◆香都名宴 ｜ 地址：营山县复兴路东 ｜ 电话：0817—8339999
◆乡里人家杀猪菜 ｜ 地址：营山县复兴路151号

住

·舒心向往

住，不仅仅是一间房一张床，你想要体验的是当地的风土人情、地域文化和最地道的生活方式。

住在南充，枕水倚风，听涛声入眠；住在南充，归居田园，观浩瀚星空；住在南充，自由寻梦，享时尚栖居。人们常说，"住在山水间，睡在人情里"，住在南充，陪伴左右的除了自然风光，还有南充人的热情。

阆中五龙民宿玻璃雅舍

花间堂书香小隐

花间堂

枕着古城入眠

夕阳收尽了最后的余晖，山和水渐渐交融于暮色，古城的脚步声稀少了，开始迎接夜的来临。夜晚特别钟情于古城的每一个小院。小院装满了天南海北的人，装满了所有的故事和传奇，也装满了属于自己的心事和梦想。

秦砖汉瓦魂，唐宋格局明清貌；京院苏园韵，渝川灵性巴阆风。花间堂的内蕴和情感，是通过风格迥异的一个个房间来抒发的，客栈的道琴开始弹唱……每天弹唱的故事有新的，也有旧的。

最先报春的是一株火红的海棠树，它从天井中央探出头，呼唤着钟情于它的人，让院落独具特色的窗花、廊檐、回廊等名闻天下……古城无处不飞花，这山、这水、这城，早已幻化成阆苑仙葩，飞入寻常百姓家。

地址：阆中古城武庙街50号

电话：0817-6225088

价格区间：689元—1698元（会员有折扣哟）

137

湖畔人家
又见炊烟起

　　这里是位于南部县的升钟湖，因拥有13亿立方米的库容量，被称为中国人的"水立方"；加之每年秋天举行的世界钓鱼大赛，又被称为中国的"钓鱼城"。

　　环湖而视，湖边依依杨柳，曼妙嫣然；湖面烟波浩淼，鸥鹭翩飞，山水共长天一色。湖岸"临江之星"农家乐里，

李花开了，桃花竞艳；麦苗儿青青，绿色蔓延至湖上，引来大批钓鱼人。

"升钟湖，鱼之天堂，水之故乡！"一顶帐篷，一根钓竿，一袋干粮，一个痴迷的钓鱼者，成为一帧浓淡相宜的水墨画……远处有人家，近处是野渡，为钓鱼，也为放飞心情。

地址
南部县升水镇临江坪村

推荐民宿
临江别院、宋家小院、清禾园
临江帝一家、雅鑫园

价格区间
100-150元

升钟湖夕照

川北院子
听妈妈讲那过去的故事

　　山是静止的画，水是流动的诗。仪陇朱德故里琳琅山深藏于川东北的千山万壑中。在青青翠柏林中，横卧着一座很普通的川北院子。那白色的墙、青色的瓦、褐色的土地，就是家的模样。

院坝周围竹叶沙沙，三五棵枇杷树迎立风中，等候青果的成熟；荷塘里，小荷才露尖尖角；菜地边，一架藤蔓装点着小院……那一刻，仿佛看见炊烟在缭绕，听见老牛在哞叫，还闻到了米酒的清香，醉了疲惫已久的心灵。

地址
仪陇县朱德故里景区内

价格区间
298元—400元

「田园美宿」看得见山

　　就在村子里，每一个房间都看得见风景。藤编灯罩、麻布沙发、木纹家具精致简约；品茶区、阅读区、健身区，让心灵放个假；走出门，就能赏田园风光、村野之趣……

📍 **地址：** 蓬安县相如街道油房沟社区

🚉 **交通：** 自驾或县内乘坐8路公交车

📞 **电话：** 0817-8602733

¥ **价格区间：** 200元—600元

「芸桢院子」望得见水

　　空气中混着泥土和花草的味儿……院前一条石板小径，一垄南瓜爬满了篱笆。奶奶煮着咖啡，和客人们聊着天，那深深浅浅的皱纹里都是故事。闲坐小院一隅，看山看云，远远近近的泥墙青瓦小院，掩映在绿意之中。这时，你也可以串串门，然后等炊烟起，等奶奶喊你回家吃饭……

📍 **地址：** 阆中市天宫镇五龙村

📞 **电话：** 0817-6288662

¥ **价格区间：** 388元—688元

「木屋酒店」一波柔情

打开窗户，水边吹来的清风散漫地拂过耳鬓，将全身的倦怠一扫而空。即便听闻已久，相见时仍会觉得讶异，在山清水秀的村落竟还有如此静谧的亲水独栋房屋，处处洋溢着水乡风情。费尽心思，为的只是居住品质。

- 📍 **地址**：南充市高坪区江陵镇凤仪湾景区内
- 📞 **电话**：0817-2610088
- ¥ **价格区间**：400元—3600元

「恩歌别院」记得住乡愁

生活的匠心，体现在建筑设计的细节之中。白墙灰瓦与中式传统建筑的坡屋顶搭配，让历史厚重感扑面而来。既有着现代化的居住功能，又有中式古典的传统韵味，别致的院落和大面积的庭院让建筑保有不错的景观，在形、神上满足中国传统审美习惯。

- 📍 **地址**：南充市嘉陵区七宝寺镇百富井村
- 🎡 **游玩**：全国重点文物保护单位七宝寺

143

民宿体验

肆芳民宿｜ 地址：南充市顺庆区新复乡四方寨村
电话：0817-2519138

幸福怡家家庭农场｜ 地址：南充市顺庆区金台镇漾马路饶家墙村

火凤山庄｜ 地址：南充市顺庆区新建街道栖乐垭村8组
电话：0817-6080528

鸽翔山庄｜ 地址：南充市高坪区老君街道莫家垭村
电话：0817-3500678

琼禾苑｜ 地址：南充市高坪区江陵坝村3组

九龙山庄｜ 地址：南充市高坪区凌云山景区内

凌云别院｜ 地址：南充市高坪区壮志凌云国际营地公园

璞缘休闲农庄｜ 地址：南充市高坪区走马镇

本源堂｜ 地址：阆中市古城双栅子街48号

诗修水景玻璃民宿 | 地址：阆中市天宫镇五龙村
电话：0817-6288662

果闲民宿 | 地址：阆中市飞凤镇桥亭村
电话：0817-6289575

德乡慢村精品民宿 | 地址：仪陇县朱德故里景区内

老支书客栈 | 地址：仪陇县朱德故里点将台旁

同耕大院 | 地址：仪陇县新政镇龙神垭景区内

拾景艺宿客栈 | 地址：南部县致远路上河城75号
电话：0817-5632111

纯阳山庄 | 地址：南部县八尔湖镇

渔湾码头 | 地址：南部县八尔湖镇旅游二街（镇政府东行50米）

有机民宿 | 地址：西充县义兴镇有机村

禾舍民宿 | 地址：西充县仁和镇联合村3组

营山金凤康养山庄 | 地址：营山县东升镇金凤村

酒店住宿

天府尚雅酒店　地址：南充市顺庆区滨江中路1段97号
电话：0817-2519555

南充天胜酒店　地址：南充市顺庆区长征路123号
电话：0817-5296333

宇豪酒店　地址：南充市顺庆区文化路1号
电话：0817-2266666

北湖宾馆　地址：南充市顺庆区文化路301号
电话：0817-2229999

万泰大酒店　地址：南充市顺庆区铁荣路2号
电话：0817-2311888

天来大酒店　地址：南充市高坪区江东中路七段1号
电话：0817-6588888

东方花园酒店　地址：南充市高坪区松林路38号
电话：0817-3359999

碧桂园凤凰酒店　地址：南充市嘉陵区文峰大道一段86号
电话：0817-8688888

维也纳国际酒店　地址：南充市嘉陵区都尉路一段308号
电话：0817-8668888

金领莲花大酒店　地址：西充县金岭东路一号
电话：0817-4288888

凤凰大酒店　地址：西充县凤凰街58号
电话：0817-4239999

千禧大酒店　地址：西充县莲花路410号
电话：0817-4839999

金泰国际酒店　地址：南部县蜀北大道西延线1号
电话：0817-5999999

豪威益国际酒店　地址：南部县致远路401号
电话：0817-7111111

阆中天府明宇尚雅酒店	地址：阆中市七里大道28号 电话：0817-6351111
阆中明宇豪雅酒店	地址：阆中市阆水东路6号 电话：0817-5116666
阆中宾馆	地址：阆中市张飞南路27号 电话：0817-6230999
锦元张飞酒店	地址：阆中市阆水中路560号 电话：0817-6269999
忆德国际酒店	地址：仪陇县新政镇康宁路一段2号 电话：0817-7888888
花园酒店	地址：仪陇县新政镇琳琅大道中段1号 电话：0817-7217777
有凤来仪酒店	地址：仪陇县德园4A景区内 电话：0817-8101999
天胜大酒店	地址：营山县朗池镇兴隆路258号 电话：0817-8218888
信智·锦城大酒店	地址：营山县城复兴街道第303号 电话：0817-3611111
景阳大酒店	地址：营山县新民路8号 电话：0817-8228888
兰亭文化主题酒店	地址：营山县圣桦城8栋2层 电话：0817-8361111
相如饭店	地址：蓬安相如大道74号（相如广场） 电话：0817-8631881
相如之心	地址：蓬安县抚琴北街3号 电话：0817-8957777
临江阁酒店	地址：蓬安县相如街道油房沟社区 电话：0817-7166333

购

· 时尚潮游

这、这，不要，其余的全部打包……

既然美景只能记在脑海里，拍在手机里，那其余的都打包带走。

不要问我南充丝绸制品好不好，南充丝绸在千年前就是朝廷贡品，百年前就荣获巴拿马国际博览会金奖。不过，获奖再多，也不及你抚摸她的触感，心动就在指尖传来她温柔的一瞬间。

真的，真的不要问我，我也有选择困难症，好物太多，选你所爱，爱你钟情。

三国文化源 顺庆区 千年顺庆府

果城粉小妹系列南充米粉

"家乡味，粉小妹"，南充米粉是家乡的味道，是游子牵挂的味道。

川北凉粉方便凉粉系列

川北方便凉粉是舌尖上的乡愁，有经典红油味、麻辣酱香味、青椒鲜麻味、鲜椒酸辣味。

弋麻饼

始于十九世纪八十年代，历经四代传承，皮酥馅软，甜而不腻，回味悠长。如今的弋麻饼已从传统的单一口味发展到多种口味，有低糖、椒盐、葱香、五仁、冰橘、肉松、桂花、无糖、香橙等馅料。

天下曲流高坪 高坪区 世界丝绸源点

六合手工蚕丝被

六合手工蚕丝被选取天然桑蚕丝，以传统手工纺织技艺制作，让你体验最温柔的蚕丝触感。

竹编灯饰系列产品

造型别致、竹品精巧，灯笼灯罩等工艺品多达数百种，是南充市非遗产品。

烟山冬菜

烟山冬菜誉满全国，与涪陵榨菜、宜宾芽菜、内江大头菜并称为四川"四大名腌菜"。

"烟山牌"冬菜始创于1790年，以优质绿色芥菜为原料，置土陶内陈年腌制而成，其色黑褐、质脆嫩、味清香。

山水南充城 嘉陵区 宜居新嘉陵

尚好桑茶

以桑入茶，冲泡后叶底鲜灵，汤色绿亮，滋味甘醇，饮后滑润生津。

凸酒

具有"清香纯正、醇甜柔和、自然协调、余味爽净、好喝不上头"等显著特点。

红邦红木家居文化创意产品

以木文化、家文化为引领，设计生产红木家居文化创意产品。

银海丝绸蚕丝被

传承古法工艺，采用手工定位的
方式制作，具有浓郁的地域特色。

依格尔丝绸床上用品

南充丝绸具有色泽均匀、手感柔软、弹性
好、不易起皱等特色，产品采用蜀锦提花工艺制
作而成，体现了南充厚重的丝绸文化底蕴。

春节发源地 阆中市 阆中天下稀

银河地毯

四川银河地毯有限公司是全国100家最大工艺美术品制造企业之一，"银河牌"产品被誉为"东方软浮雕"，畅销全国并出口日本、欧美等10多个国家和地区。

保宁醋

中国四大名醋中唯一的药醋，四川麸醋鼻祖。独具"色泽红棕、酸味柔和、醇香回甜、久存不腐"的特点。

王皮影

阆中王皮影产品采用优质黄牛皮，经32道工序纯手工雕刻而成。

154

中国升钟湖 南部县 世界钓鱼城

久全牛肉

选用升钟湖库区农家自然放养肥壮黄牛之精肉，营养丰富，老少皆宜。

黑农夫"五黑黄金"粥料

以黑米、黑花生、黑豆、黑芝麻、黑小麦+黄小米组合而成的粥料食品，原材料全部生长在国家AAAA级旅游区——升钟湖畔，是无污染、无公害的绿色产品。

元安堂杜仲茶

用15年以上的成年杜仲树皮依古法炮制而成，有补益肝肾、强筋壮骨、固经安胎的功效。

生态田园 西充县 有机西充

狮子糕

起源于清光绪年间，成为代代相传的经典味道。

有机系列产品

充国香桃、有机葡萄……汁多味甜，香脆醇厚，远销成都、重庆等地，在川东北水果市场有较高的美誉度。

凤和黄酒

黄酒是世界上最古老的酒类之一，凤和黄酒历史悠久，传承经典配方，是南充市级非物质文化遗产。

文化创意产品

张澜故里U盘、创意丝巾、惜字塔笔记本、文旅提袋……每一件都精致小巧、独具匠心，是送亲友不错的伴手礼。

156

朱德故里 仪陇县 德乡仪陇

德乡嫂松花蛋

祖传无铅配方工艺，纯天然植物香料，赋予松花蛋精美的松花图案、晶莹剔透的外观和清爽鲜美的味道。

银明黄酒

　　选用优质糯米，辅以琳琅山脉天然泉水，运用独特的"复式发酵、循环超滤"工艺精酿而成，有"高级液体蛋糕"之誉。

客家牛肉

　　采用客家传统秘方，牛肉鲜香味佳、质嫩爽口，令人回味无穷。

灵秀营山 营山县 耕读原乡

明德系列产品

　　茶园土壤富含人体必需的微量元素，明德茶树生长在云雾缭绕的山林，茶色绿亮、入口甘甜。

手工红油

　　传统手工制作，用菜油、辣椒面、生姜、大葱等熬制，主要用于凉粉、凉菜、面食等制作，香气扑鼻，辣味十足。

通宝牛肉

　　采集植物香料烹制，清香四溢、回味绵长，传承千年美味。

相如故里 蓬安县 爱城蓬安

西拱桥酒

　　以本地优质红高粱为原料，采用百年四方井井水，酒味醇正，入口绵甜，回味悠长。

吴记樟茶鸭

　　采用本地优质土鸭，色泽金黄、外酥里嫩、醇厚鲜美、香味独特。

相如故事系列产品

　　以历史文化名人司马相如为主题，产品新颖别致，兼具艺术性与实用性。

蓬安水龙表演

艺

·川北风情

　　绿净春深，夜游嘉陵江，看满天星辰，吹你吹过的晚风；

　　浓情夏日，撒欢水世界，当一回调皮的孩子；

　　一叶知秋，垂钓升钟湖，学姜太公钓起一湖的智慧；

　　冬日暖阳，跳一曲亮花鞋，就到了春天；

　　……

　　每一天，亦新亦旧；每一季，亦旧亦新。外面的世界再精彩，也不会走到你跟前，还在等什么，和我一起嗨在美好的风景里。

唱支山歌给党听

2021年5月16日，由文化和旅游部主办，文化和旅游部公共服务司、四川省文化和旅游厅、重庆市文化和旅游发展委员会、文化和旅游部全国公共文化发展中心、南充市人民政府共同承办的"唱支山歌给党听"大家唱群众歌咏活动暨首届巴蜀合唱节，在南充印象嘉陵江湿地公园盛大启幕，千人共聚颂党恩，华灯烟火齐上，歌声夜色共舞，燃爆嘉陵江畔。5月17日晚，央视《新闻联播》播发新闻《"唱支山歌给党听"大家唱群众歌咏活动开幕》，向全国人民展示此次盛大活动。南充，再一次"红"遍全国。

嘉陵江合唱艺术节：
唱响南充的文化名片

　　自2008年以来，嘉陵江合唱艺术节每两年举办一届，已连续成功举办七届，被誉为"中国最负盛名的文化艺术节"。艺术节吸引了来自美国、加拿大、德国，以及国内北京、上海、天津、广东、浙江、江苏、福建、湖南、湖北、河南、山西、陕西、云南、贵州等地的合唱团参加，成为南充重要的"文化名片"。

☆ **活动内容：** 合唱比赛、惠民展演

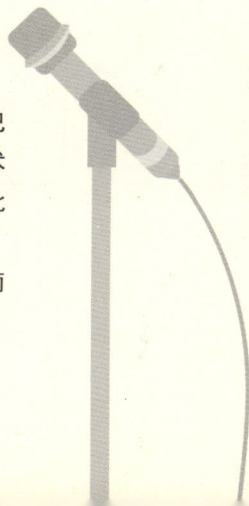

南充(国际)木偶艺术周：
木偶艺术的盛会

　　来自世界各地的木偶艺术家相聚在南充这座美丽的城市，展示、交流独具魅力的木偶文化，共同分享木偶戏带来的喜悦和艺术成果，这是木偶艺术的盛会，是热爱艺术的人们的盛会。

　　演出地址：活动期间，在南充大剧院及市内各广场或社区演出

鱼天堂　水故乡

淡淡的山影，朦胧的村庄，平静的湖面，悠游的鱼儿……

一根鱼竿，"钓"动全球高手。2009年以来，升钟湖每年都要举办钓鱼节。升钟湖钓鱼大赛，成为中国钓鱼运动第一品牌。

地址：南部县升水镇升钟湖旅游景区

时间：每年金秋9月

南充蛴蟆节

远离疾病 人寿年丰

每逢农历正月十四，家家户户都忙着扎蛴蟆灯。傍晚，上万盏造型各异的蛴蟆灯汇聚成灯的海洋，大家唱着民谣，将手中燃烧着的蛴蟆灯放入河中，或插入松软的土中，意味着新的一年远离疾病、人寿年丰。

📍 **举办地址：** 主要分布在南充市嘉陵区三会镇、金宝镇、大通镇、南充市顺庆区共兴镇和西充县多个村镇

🕐 **举办时间：** 每年农历正月十四

西充桃花节

养眼又提神

三生三世，十里桃花。西充桃花规模达10万亩，连片盛开之时，美得如梦如幻，令人陶醉。以花为媒，西充县已成功举办多届桃花节，"走，到西充看桃花去"，成为南充乃至成渝等地游客的赏花"必选题"。

🕐 **时间：** 每年3月、4月举行

千人唱 万人和

舞者自披盔甲，手持矛、弩箭，口唱巴人古老战歌，乐舞交作，边歌边舞。司马相如在《子虚赋》中这样描绘巴渝舞的壮观场面："千人唱，万人和，山陵为之震动，山谷为之荡波。"

地址：流行于古代巴国最后的都城阆中

南部傩戏

舞蹈的活化石

傩戏，又称傩舞。在南部县，不少偏远的乡村至今还保留着原生态的傩舞。

相传傩傩是湖北麻城县孝感乡人，在员外家养马。员外有位小姐不愿许配人，原因是家中饲养的白马给她托梦，说自己不是马而是人，要傩傩做媒为两人婚配。员外怒斥傩傩从中捣鬼，一脚将他下颌踢掉。傩傩死了，老百姓用"跳傩傩"这一形式来纪念他。如今，舞者头戴面具，上穿黄布褂，下穿红裤加靠腿，脚蹬草鞋或麻鞋，手持面杖、洗锅刷等，古怪而生动。"无下巴"傩面全国唯一。

地址：流行于南部县双峰乡一带

店垭花灯

翩翩起舞 鼓乐齐鸣

夜幕降临，舞灯人便点燃烛火翩翩起舞，灯体通明、鼓乐齐鸣、人声鼎沸，静寂的山乡便有了文化情趣和热闹场景。花灯演出往往通宵达旦，鸡鸣破晓方散。

地址：流行于南部县店垭一带

桥楼乡：草龙昂首

在阆中桥楼乡等地，舞草龙已有数百年历史，每当春节前和农作物丰收后，村民们便举着草龙在田间地头欢快奔跑和舞动，庆丰收、迎新春，并祈祷新的一年风调雨顺。

地址： 流行于阆中市桥楼乡

西充：板凳龙

"彩龙夺珠""独龙腾空"，16人跟随音乐的节奏，不断变换方位。在"龙宝"的引领下，一条长凳龙高昂龙头，变幻龙身，龙尾摇摆，首尾相连，一气呵成，让人眼花缭乱。

地址：流行于西充县祥龙乡

李渡：高跷舞狮

高跷舞狮，从明代发端，传承至今已有400年历史。听名字，便知与传统舞狮不同。锣鼓一响，笑和尚脚踩高跷，晃晃悠悠走出场……

地址：流行于南充市嘉陵区李渡镇

"翻山铰子"登上央视舞台

翻山铰子

古老技艺演绎淳朴乡情

欢快地击铰、漂亮地翻腕、潇洒地甩绳……镜头对准吴明远时，他表演得更卖力了。作为营山县翻山铰子非遗传承人，他已经不是第一次上央视了，但是每次面对镜头，他都会用情表演。

翻山铰子，顾名思义因表演动作粗犷、形似翻山越岭，再加上铜钹形似水饺而得名，被誉为巴渝文化"活化石"。

吴明远是营山县明德乡人，从小跟着舅舅罗声洪学习翻山铰子，掌握了"水漩莲花""苏秦背剑""黄龙缠腰"等40多种舞蹈套路和特技。

"'离了和尚不念经，离了铰子不送亲'，可以看出翻山铰子在我们这儿受欢迎的程度。"个头不高的吴明远身手了得，说到兴起，索性扭动身体展示起来，只见他右手拽住红绳将铜钹甩向空中，左手端起另一只铜钹顺势接住，两钹相碰，不停旋转，发出阵阵清脆的声响……

双铰舞出的是百姓的幸福生活。如今，吴明远把更多的心思放在了传承上，让古老技艺演绎淳朴乡情。

嘉陵飞鸿滑草场
飞起来的快乐

📍 **地址:** 南充市嘉陵区猫儿山飞鸿滑草场

📞 **电话:** 0817-3855800

✉️ **票价:** 成人票98元，亲子套票150元

草在结它的种子，风在摇它的叶子，我们站着，不说话，就十分美好……

远离城市喧嚣，闻着绿草的清香，在绿意盎然的滑草场滑行、攀爬……这就是"天然氧吧"带给我们的怡然自乐小时光。

《阆苑仙境》
千年民俗的如梦画卷

傍晚，华灯初放。流光溢彩的南津关古镇喧闹起来。

雷鸣般的战鼓声中，张飞闪亮登场，时光的逆转将现实与三国渲染得扑朔迷离，在屋檐楼阁间的吆喝声中，一幕幕民俗表演展开卷轴。

移步换景，从古街的一头看到另一头：阆中民歌《晾衣裳》抒发对爱情的向往；《贡院春秋》凸显阆中科举文化魅力；王皮影《夜战马超》将观众带回铁马金戈的三国时代……在演出的尾声，拉船的船工吼着铿锵的嘉陵江号子，南津关古镇与嘉陵江对岸的古城渐渐沉睡，好一幅如诗如画、如梦如幻的画卷。

地址：阆中市南津关古镇

演出时间：每晚8：00时（不定期会加场次）

票价：180/张

看点：移动的舞台、梦幻的场景、生动的剧情、动人的演技

亮花鞋

「跳」上央视春晚舞台

获第十八届群星奖

"我很喜欢四川，一次应邀去阆中进行舞蹈采风，意外发现了民间习俗'亮花鞋'的舞蹈元素。"导演莫莉动情地回忆当时的情景。每年农历正月初一和二月初二，阆中老观古镇的老百姓都会有类似赶集的民俗舞蹈活动，姑娘们都要穿上新衣和花鞋赶场赴会，比一比谁的女红做得精细，然后大家在一起载歌载舞，期盼风调雨顺。姑娘们还会以亮花鞋为媒，赢得心上人的喜欢。

从四川回到北京之后，导演莫莉将"亮花鞋"的民俗元素牢牢记在心里。最终，民俗舞蹈节目《亮花鞋》"跳"上央视春晚舞台，以震撼、雅致、唯美的艺术效果惊艳全场，给海内外观众留下深刻印象。

足上风情演绎千年民俗，绣花鞋里蕴含一生期盼。千百年来，"亮花鞋"不断地演绎自己独有的故事。在莫莉心中，"亮花鞋"是属于川北的民俗风情，也是属于自己的独有记忆。

177

常玉 中国的梵高

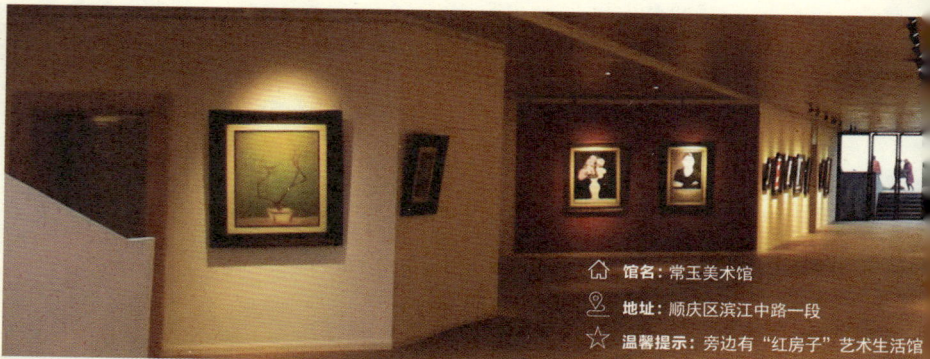

⌂ 馆名：常玉美术馆
⌖ 地址：顺庆区滨江中路一段
☆ 温馨提示：旁边有"红房子"艺术生活馆

常玉，1901年生于南充一个丝绸富商家庭，10岁起跟随著名书法家学习书法。到法国留学后，常玉并没有像徐悲鸿、林风眠一样进入美术学院进修。他常常在咖啡馆里一边看《红楼梦》一边画画。后因家道中落，常玉生活潦倒，于1966年在巴黎因煤气中毒离世。

世间唯一经得起岁月摧残的，就是才华。

这句话放在艺术家常玉身上，再合适不过。

常玉，一个大众还不那么熟悉的名字，离世后长久不为人知。而今，西方公认梵高、常玉为世界级的绘画大家，常玉甚至被誉为"中国的梵高"。

如今，常玉的作品屡次刷新华人绘画作品拍卖纪录，一幅《五裸女》高达3.039亿港元，让他的画在圈里圈外都火起来了。

当代著名画家吴冠中评价："常玉画了那么多盆景，盆景里开出绮丽的繁花，生意盎然；盆景里苟延着凋零的残枝，凄凄切切，却锋芒毕露……我觉得常玉自己就是盆景，巴黎花园里的东方盆景……"

常玉是掉落在巴黎街头的一块美玉，他究竟有哪些传奇的故事，你不妨到他的家乡南充来探寻。

常玉作品《群马》

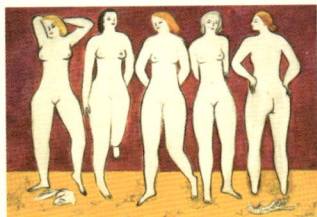

常玉《五裸女》油彩

常玉作品《猫捕蝶》

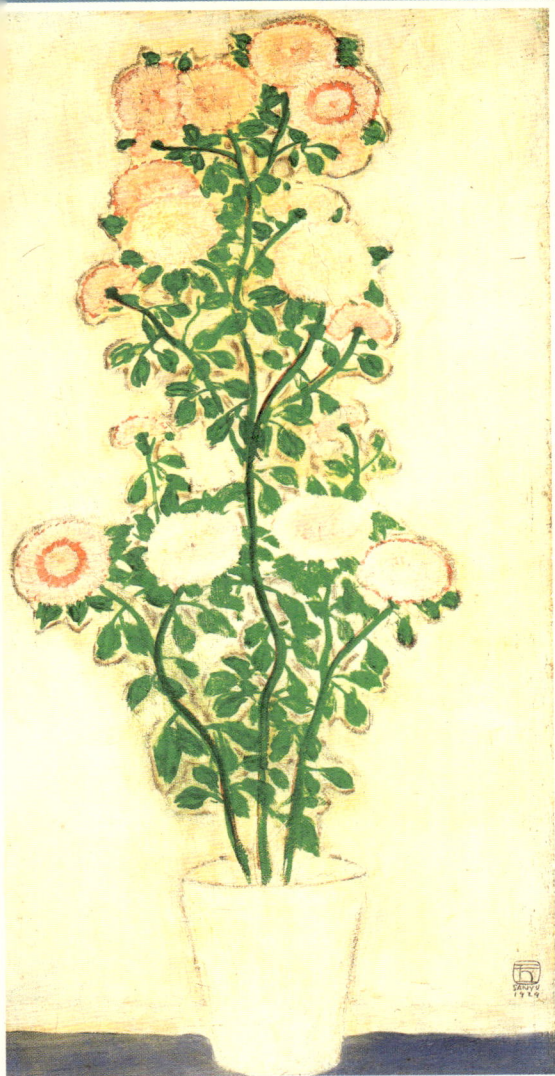

常玉作品《绿叶盆菊》

南充方言

先来摆一个真实的笑话。

几年前，一位浙江乌镇的女子考上了我们南充的西华师范大学。刚入大学，同学们都很兴奋，上课也摆个不停。

"倒数第三排那两个女同学，你们摆龙门阵都摆了半个小时。"

"什么，什么是龙门阵，和诸葛亮的八卦阵差不多吗？"

哈哈哈……

其实，摆龙门阵就是聊天的意思。你到南充来旅游，一定要听得懂几句方言。注意，方言也是文化哈，我们来学习一盘。

"相因"

形容某件物品比较便宜。

例如：今天的肉卖得好相因哦。

"啄梦觉"
zua² mong³ juo

形容某人不清醒，不懂事。

例如：你还在啄梦觉，起床了！

"估到"

指强迫别人做不愿意的事情。

例如：他估到要喊我去打牌。

"扯拐"

形容某件物品出现故障或无法使用。

例如：昨天家里的电视机出了问题，老是扯拐！冒火得很！

"千烦"

形容孩子调皮捣蛋，到处惹事生非。

例如：老张家的娃娃千烦得很，看到就头痛。

"找不到"

形容不知道某件事，本词是南充地区特有词。

例如：我找不到这个事情，莫问我。

"弯酸"

指挑剔。

例如：你这人怎么这么弯酸啊，我都给你弄了几道了，你还弯酸人！

PART 4

我在南充等你

炊烟起了，我在门口等你

夕阳下了，我在山边等你

叶子黄了，我在树下等你

月儿弯了，我在十五等你

细雨来了，我在伞下等你

流水冻了，我在河畔等你

生活累了，我在南充等你

南充市交通区位图

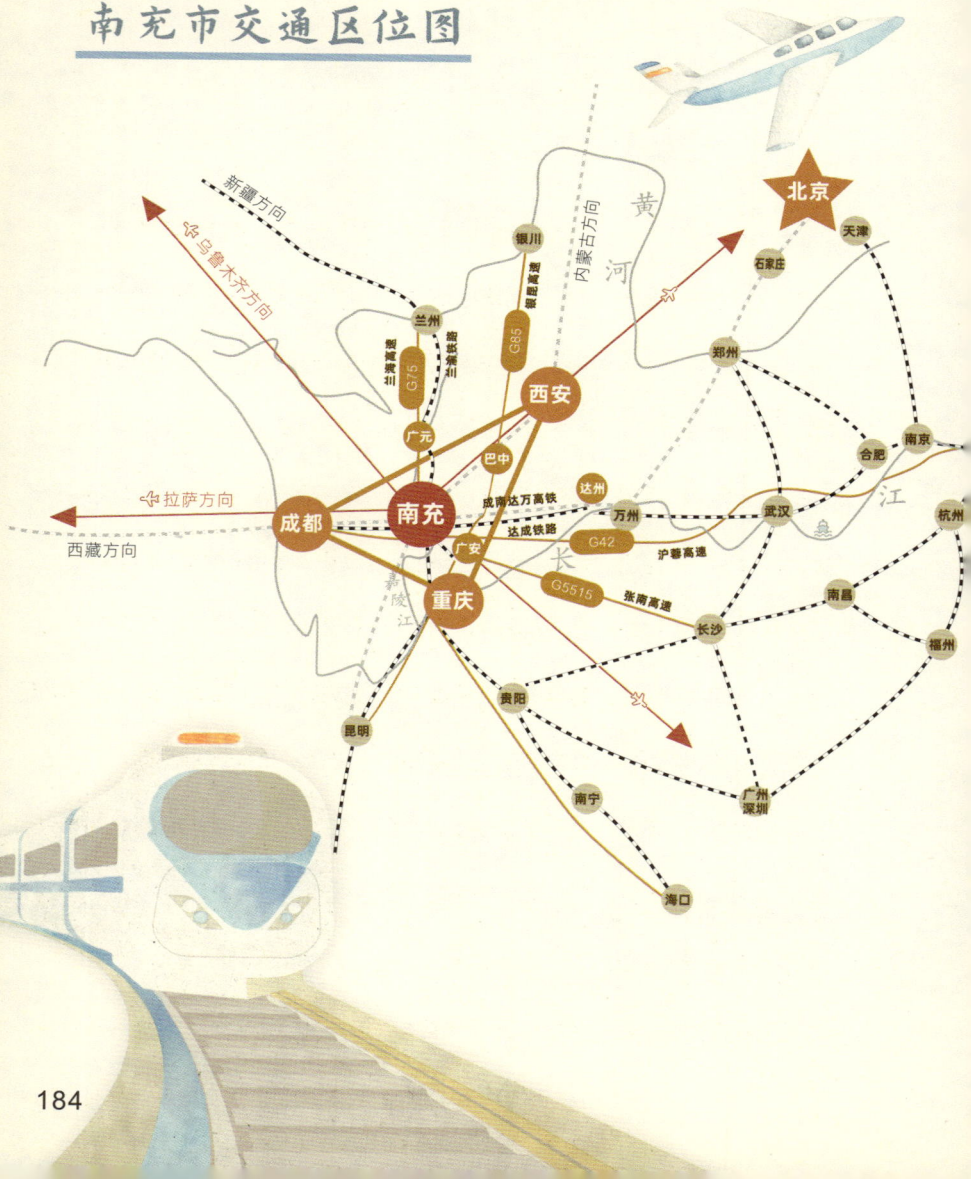

新疆方向

乌鲁木齐方向

黄河

北京

银川

天津

石家庄

兰州

郑州

南京

G75

合肥

G85

银昆高速

西安

广元

巴中

达州

成南达万高铁

杭州

拉萨方向

成都

南充

万州

武汉

江

西藏方向

达成铁路

G42

沪蓉高速

广安

长江

南昌

重庆

G5515

张南高速

长沙

福州

嘉陵江

贵阳

昆明

广州

深圳

南宁

海口

汽车 订票官网 **12308**	火车 订票官网 **12306**	飞机 高坪机场 **0817-3317416**	

南充高坪机场 ● 地址：南充市高坪区机场大道 ｜ 电话：0817-3317416

南充火车站 ● 地址：南充市顺庆区铁欣路1号 ｜ 电话：0817-95105105

南充火车北站 ● 地址：南充市顺庆区漾华北路 ｜ 电话：0817-95105105

南充汽车客运站 ● 地址：南充市嘉陵区嘉西路1号 ｜ 电话：0817-3632776

南充马市铺汽车客运站 ● 地址：南充市顺庆区马市铺路576号 ｜ 电话：0817-2224670

南充城北汽车站 ● 地址：南充市顺庆区铁昌路113号 ｜ 电话：0817-2319193

南充高坪汽车站 ● 地址：南充市高坪区清溪路123号 ｜ 电话：0817-3338332

阆中汽车站 ● 地址：阆中市环城东路四桥西桥头50米 ｜ 电话：0817-6225902

南部汽车站 ● 地址：南部县滨江大道南段 ｜ 电话：0817-5581955

仪陇汽车站 ● 地址：仪陇县新政镇永丰路 ｜ 电话：0817-7216680

营山汽车站 ● 地址：营山县一环路南二段 ｜ 电话：0817-8221907

西充汽车站 ● 地址：西充县环城大道二段 ｜ 电话：0817-4568018

蓬安汽车站 ● 地址：蓬安县安汉大道藤茨沟社区 ｜ 电话：0817-8622212

旅游咨询与服务

南充市文化广播电视和旅游局　　电话：0817-2666800

顺庆区文化广播电视和旅游局　　电话：0817-2237942

高坪区文化广播电视和旅游局　　电话：0817-3363333

嘉陵区文化广播电视和旅游局　　电话：0817-3631117

阆中市文化和旅游局　　电话：0817-6306670

南部县文化广播电视和旅游局　　电话：0817-5522253

西充县文化广播电视和旅游局　　电话：0817-4239606

营山县文化广播电视和旅游局　　电话：0817-5059681

仪陇县文化广播电视和旅游局　　电话：0817-4869848

蓬安县文化广播电视和旅游局　　电话：0817-8608996

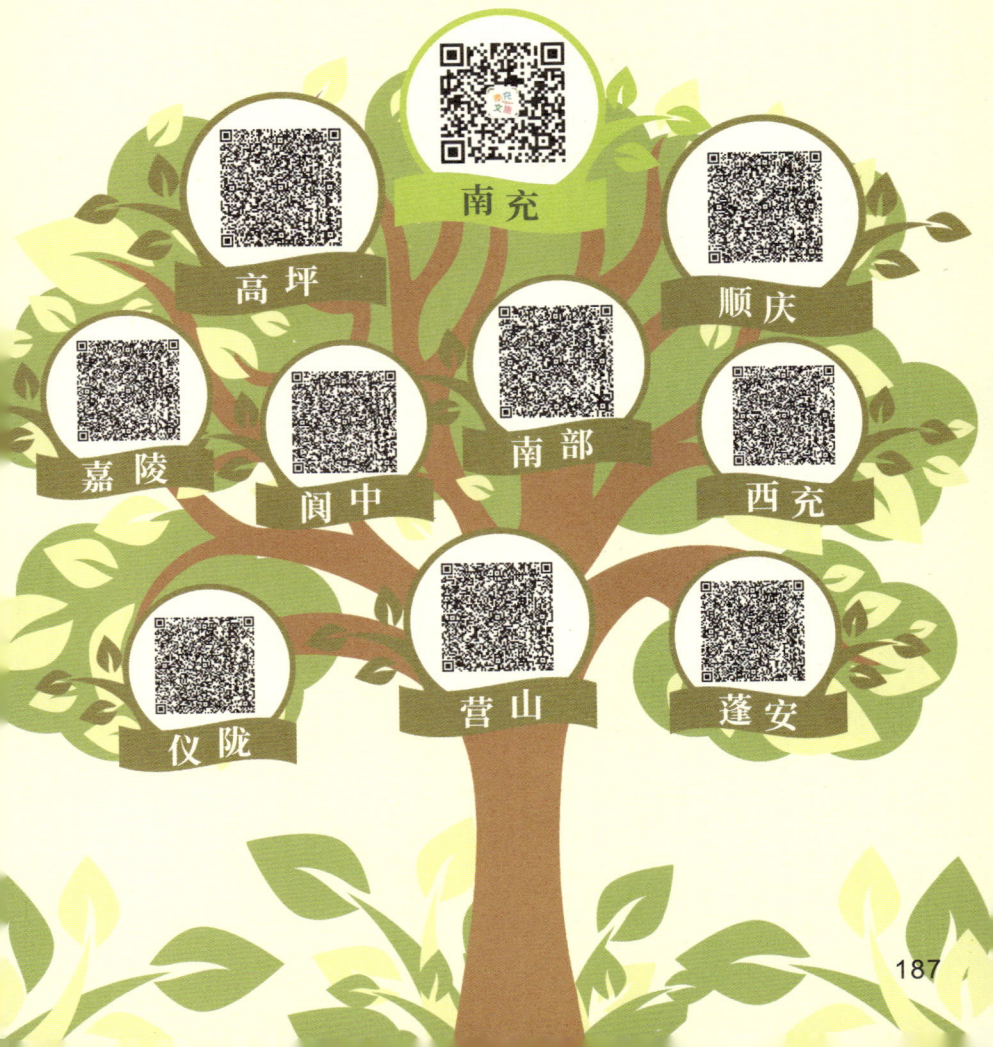

山水南充　流淌的美好时光

扫一扫　更美丽

南充

高坪

顺庆

嘉陵

阆中

南部

西充

仪陇

营山

蓬安

南充市周边旅游地图

西安

汉中　258km

曾家山
AAAA

光雾山 ★

195km

广元市

AAAAA
剑门关
剑阁
翠云廊 ★

元坝　　南江　　诺水河

旺苍

巴中市

通江

苍溪梨花沟 ★

81km

135.5km

124km

梓潼七曲山大庙

苍溪

嘉

27km

阆中

89km

平昌

AAAAA
阆中古城

老观古镇

77km

绵阳

盐亭

33km

天宫院
AAAA

60km

仪陇

AAAAA
朱德故居

宣汉

达州市

川

南部

营山

太蓬山

渠

60km

德阳

四

纪信广场 ★

西充

80km

AAAA
西山万卷楼

蓬安

陵

134km

大竹

60km

张澜故居

39km

南充 ★

渠县

63km

遂宁市

蓬溪

55km

64km

69km

46km

49km

104km

广安市

邓小平故居 ★

华蓥

华蓥山

大英 ★
中国死海

武胜

34km

45km

邻水

成都

重庆

江

34km

59km

合川

147km

54km

庆

江

重庆

长

188

南充5A景区

阆中古城 | 游客中心

地址：阆中市阆水中路33号

电话：0817-6277833

朱德故里景区

地址：仪陇县马鞍镇大湾路47号

电话：0817-7555022 / 7598169 / 7556253

南充4A景区

南充市顺庆区西山风景区
地址：南充市顺庆区玉屏路6号
电话：0817-2585932

南充市高坪区凌云山景区
地址：南充市高坪区青莲街道凌云山景区游客中心
电话：0817-3310152/3310666

南充市高坪区鹤鸣山景区
地址：南充市高坪区鹤鸣山景区游客中心
电话：0817-3379770

蓬安县嘉陵第一桑梓风景区
地址：蓬安县嘉陵第一桑梓景区游客中心
电话：0817-8900852

阆中市天宫院景区
地址：阆中市天宫镇天宫院街1号
电话：0817-6516729/6516299

南部县升钟湖旅游景区
地址：南部县升水镇
电话：0817-5906123/5687596

西充县张澜故里旅游区
地址：西充县莲池镇观音堂村张澜故里游客中心
电话：0817-6956522

仪陇县德园旅游景区
地址：仪陇县春晖路四段
电话：0817-7885099

营山县进士文化旅游景区
地址：营山县芙蓉大道
电话：0817-8089609

仅仅遇见，就那么美好

电影散场，有惜别的彩蛋。当你翻到这本书的最后，我们也要告别了，我会什么送给你？

在编撰这本书的悠长夏季里，我们曾谷游缙密的岁堂山，为你寻找千年右柏；我们也曾摇着桨，划进升钟湖的逶迤山水；我们还淌过嘉陵江，在太阳岛与牛群等落日；我们也想高，在滑草场惊叫到底；我们也重温童话，在海洋公园与美人鱼轻语漫舞……

有人说，旅行就是从自己玩腻的地方到别人玩腻的地方。是的，我们走向远方，就是为了探寻未知，感知不一样的世界，但最终在陌生的风景里，寻找真实的自己。在最热爱的地方寻找最美的风景，这是我们在夏季最大的收获。

一路上，我们把风景叠成书页，把一个个故事讲给你听。在升钟湖的山水中，我们讲了一个青涩的故事《升钟湖之恋》。也许你没有想到，这个故事是真实的，老人曾登报寻找多年未见的她。最终两位老人在电话里"相见"，一句"你好"已胜过千言万语。

我不知道，这是不是我们心念念的爱情，或者这份情感已超越了爱情，仅仅遇见就那么美好。

在编撰这本书悠长的夏季里，在锦屏山，我们遇见了追星星的天文学系大学生；在乡村桃林，我们遇见了想种下"十里桃花"的张丽萍；在古城阆中，我们遇见了表演皮影戏50年的兄弟俩；在烟火街巷，我们遇见了许多美食，阆中牛肉面、仪陇客家水席、营山鱼稀饭……

感谢，在这个夏季的每一次遇见。也许，人生和旅行没有彩蛋；也许，人生和旅行处处都有彩蛋。当老人拨通电话，得知她安好，这就是人生暮年的彩蛋；当桃花娇艳地绽笑，香桃挂满枝，这就是张丽萍期待的彩蛋；当牛儿归圈青草疯长，这就是放牛小伙的彩蛋……

遇见南充，遇见嘉陵江，遇见《行读南充》，这就是我们送给你的彩蛋。

《行读南充》编委会

主　　任：赵秀清　　杨雨龙

副 主 任：蒋晓平　　赵　亮　　吴小蓉

委　　员：向全发　　夏　新　　邹安音　　欧维佳　　明　刚　　唐扬波

　　　　　何治洪　　杜卫东　　程　芳　　胡　润　　杨颜骏　　卿小栋

《行读南充》编辑部

主　　编：赵秀清　　杨雨龙　　蒋晓平

执行主编：赵　亮　　吴小蓉　　颜　庆

撰文/编辑：颜　庆　　邹安音　　王玉芬　　杨晓江　　罗　虹　　柴梓嫣

装帧设计：丁慧娟　　龚　倩　　陈文婷

图片提供：吴小蓉　　余中华　　张　力　　文　月　　乐校臣　　梁洪源　　张瀚誉

　　　　　陈村铭　　罗天文　　王玉贵　　刘永红　　周汉兵　　张晓东　　黄志远

　　　　　仪龙云　　兰兴泽　　王　勇　　涂益菠　　李拥谏　　邱文品　　李鹏宇

　　　　　冶寄明　　缪吉波　　廖　兰　　李天社　　刘晓钟　　奉　艺　　鲁小刚

（除署名外，部分图片由市文化广播电视和旅游局提供）

审　　读：何建斌　　陈　梁　　黎　涛